"SHUANGTAN" BEIJING XIA WOGUO TAOCI CHANYE JIQUN CHAOYUE YANJIU

景德镇国家陶瓷文化传承与创新研究丛书

徐华 著

"双碳"背景下
我国陶瓷产业集群超越研究

华中科技大学出版社
http://press.hust.edu.cn
中国·武汉

内容提要

陶瓷产业是区域工业经济的先锋产业。本书重点研究的是在2015年新修订的《中华人民共和国环境保护法》，以及在"碳达峰""碳中和"大环境下，陶瓷产业如何从高能耗、高污染、以量取胜的传统粗放型发展模式向全新的产业生态转变。本书一方面通过横向比较国内山东临沂、云南建水、广东佛山等多个处于不同阶段、不同类别的陶瓷产业集群的发展路径，探讨陶瓷产业未来的发展出路；另一方面借鉴了意大利陶瓷产业集群近半个世纪调整优化的成果，试图找出我国陶瓷产业集群的演进方向。

图书在版编目(CIP)数据

"双碳"背景下我国陶瓷产业集群超越研究／徐华著． -- 武汉：华中科技大学出版社，2024.11. --（景德镇国家陶瓷文化传承与创新研究丛书）. -- ISBN 978-7-5772-1453-5

Ⅰ．F426.71

中国国家版本馆CIP数据核字第2024KP7618号

"双碳"背景下我国陶瓷产业集群超越研究 　　　　　　　　　　　徐华　著
"Shuang Tan" Beijing xia Woguo Taoci Chanye Jiqun Chaoyue Yanjiu

---

策划编辑：王雅琪
责任编辑：王梦嫣　王雅琪
封面设计：廖亚萍
责任校对：张会军
责任监印：周治超

出版发行：华中科技大学出版社（中国•武汉）　　电话：(027) 81321913
　　　　　武汉市东湖新技术开发区华工科技园　　邮编：430223
录　　排：孙雅丽
印　　刷：武汉市洪林印务有限公司
开　　本：710mm×1000mm　1/16
印　　张：12.5
字　　数：227千字
版　　次：2024年11月第1版第1次印刷
定　　价：69.80元

本书若有印装质量问题，请向出版社营销中心调换
全国免费服务热线：400-6679-118　　竭诚为您服务
版权所有　　侵权必究

前言 FOREWORD

陶瓷是陶器、炻器和瓷器的总称，是人类创造之物，制陶是人类学会用火之后的又一伟大创举，因此，陶瓷也被认为是人类文明进步的标志。中国作为世界三大陶器起源地之一，陶器被发明至今已经历了上万年的传承。我国是瓷器的故乡，英文中"China"可译为中国，也可译为瓷器，因此，中国人对瓷器怀有一种特殊的情感。

几百年来，我国陶瓷畅销世界，甚至成为人们身份和财富的象征，同时，我国陶瓷文化也在世界范围内广泛传播。近代，陶瓷产业衰败，令人扼腕叹息！中华人民共和国成立以后，政府恢复了传统陶瓷的生产。改革开放以后，通过引进、消化与吸收国外的先进技术和设备，我国当代陶瓷产业迎来了蓬勃发展。顶峰时期，我国日用陶瓷、建筑陶瓷、卫生陶瓷的年产量均占全球60%以上的市场份额。然而，高产量的背后是质量和价格的不尽如人意，是亟待解决的环保问题。

2015年1月1日实施的新修订的《中华人民共和国环境保护法》，被誉为"史上最严"环保法，在中央日渐严格的"整治潮"中，伴随着新标准的出台，一批企业因环境影响评价不达标而被地方政府强制关闭或责令停产，"关、停、并、转、改"，不一而足。

我国以约占世界18%的人口生产了全球60%左右的日用陶瓷、建筑陶瓷、卫生陶瓷，这些陶瓷的人均产值、亩均产值、单位能耗产值均远低于其他先进制造业，多个地区不断提高对陶瓷企业的环保治理要求，陶瓷产业经历了前所未有的挑战。

2020年9月，在第七十五届联合国大会一般性辩论上，习近平主席郑重宣布："中国将提高国家自主贡献力度，采取更加有力的政策和措施，二氧化碳排放力争于2030年前达到峰值，努力争取2060年前实现碳中和。"当前，日用陶瓷、建筑陶瓷、卫生陶瓷都存在产能过剩的问题,陶瓷产业作为能源消耗大户,控碳压力极大,在"双碳"背景下,如何把握机遇、厘清路径、推动产业集群超越发展是现阶段必须解决的一项重大任务。

2020年以来,全球制造业皆向达成"双碳"目标努力,在此环境下,陶瓷产业如何从高能耗、高污染、以量取胜的传统粗放型发展模式向全新的产业生态转变?我国的陶瓷产业已进入衰退期,应该如何避免路径依赖,突破集群生命周期的束缚?探索我国陶瓷产业集群超越成长的路径,是如今我们肩负的责任。

目录 CONTENTS

第一章　绪论　1

　　第一节　研究背景及意义　1
　　第二节　研究范围和研究方法　4
　　第三节　创新点和研究内容　5

第二章　产业集群超越理论研究综述　7

　　第一节　产业集群与产业集群生命周期理论　7
　　第二节　产业集群升级理论研究综述　9

第三章　全球视角下我国陶瓷产业　20

　　第一节　陶瓷产业的演变　20
　　第二节　陶瓷产业的地位　23
　　第三节　世界陶瓷产业的格局　25
　　第四节　我国陶瓷产业发展概况　33

第四章　佛山陶瓷产业集群的演化　41

　　第一节　佛山陶瓷产业的发展历程　41
　　第二节　佛山实施"腾笼换鸟"计划的背景　44
　　第三节　佛山实施"双转移"战略时陶瓷行业状况　46
　　第四节　佛山陶瓷"腾笼换鸟"计划中的总体规划　48
　　第五节　佛山"腾笼换鸟"计划实施成效　58

第五章　环保风暴倒逼临沂陶瓷产业升级　63

　　第一节　临沂陶瓷产业发展概况　63

第二节　临沂陶瓷产业战略定位　70

第三节　临沂陶瓷产业发展目标及实施步骤　72

第四节　临沂陶瓷产业转型模式　75

第五节　临沂陶瓷产业的空间布局与园区建设　77

第六节　临沂陶瓷产业转型的十大重点工程　85

第七节　临沂陶瓷产业转型的主要任务　95

第六章　区位选择视角下云南陶瓷产业演化　102

第一节　产业区位理论及我国陶瓷产业区位演化　102

第二节　云南地理位置及其陶瓷产业的发展概况　103

第三节　云南建水紫陶产业发展现状与存在的问题　105

第四节　建水紫陶产业转型规划　111

第五节　建水紫陶产业转型重点　118

第六节　建水紫陶产业布局　123

第七节　建水紫陶产业升级重点工程　126

第八节　建水紫陶产业技术升级　135

第七章　意大利陶瓷产业发展的启示　149

第一节　意大利陶瓷产业现状　149

第二节　意大利陶瓷产业的发展简况　150

第三节　意大利陶瓷产业的特点　152

第四节　意大利陶瓷开拓国际市场经验　154

第八章　生态学视角下我国陶瓷产业升级研究　156

第一节　国内外相关研究综述　156

第二节　我国建筑陶瓷行业生态分析　163

第三节　建陶品牌生态系统　174

后记　188

参考文献　189

第一章 绪　　论

第一节　研究背景及意义

一、"双碳"的研究背景

如今全球气候持续变暖,北极冰川加速融化,海平面不断上升,为避免环境气候持续恶化,人类应停止向大气中增排温室气体。根据《巴黎协定》,本世纪末要"把全球平均温度较之工业化前水平的升高控制在 2 ℃以内"。《巴黎协定》缔约国中的发达国家在该国"碳达峰"后,大多进一步明确了"碳中和"的时间表,芬兰拟定在2035年实现"碳中和";奥地利和冰岛通过政府政策文件确立了2040年实现净零排放的目标;瑞典承诺到2045年实现净零排放;英国、挪威、加拿大、日本等发达国家将达成"碳中和"时间表拟定在2050年。

近年来我国经济发展迅速,已成为全球第二大经济体。发达国家一直存在大量碳排放现象,理应对低碳转型承担更大责任,但我国作为最大的发展中国家,同时作为一个负责任的大国,显然不能置身事外。2020年9月,在第七十五届联合国大会一般性辩论上,习近平主席郑重宣布:"中国将提高国家自主贡献力度,采取更加有力的政策和措施,二氧化碳排放力争于2030年前达到峰值,努力争取2060年前实现碳中和。"

我国于1992年成为《联合国气候变化框架公约》缔约方,在应对气候变化问题上,我国坚持共同但有区别的责任原则、公平原则和各自能力原则,坚决捍卫包括中国在内的广大发展中国家的权利。2002年我国政府核准了《京都议定书》。2007年我国政府出台了《中国应对气候变化国家方案》,明确了至2010年应对气候变化的具体目标、基本原则、重点领域及政策措施,要求2010年单位GDP能耗比2005年下降20%。2007年,中华人民共和国科学技术部、中华人民共和国国家发展和改革委员会等14个部门共同制定并发布了《中国应对气候变化科技专项行动》,提出至2020年应对气候变化领域科技发展和自主创新能力提升的目标、重点任务和保障措施。

2013年11月,我国发布了针对适应气候变化的《国家适应气候变化战略》;2015年6月,我国向《联合国气候变化框架公约》(UNFCCC)秘书处提交了文件《强化应对气候变化行动——中国国家自主贡献》,提出至2030年中国二氧化碳排放达到峰值,国内生产总值二氧化碳排放比在2005年下降60%—65%,非化石能源占比一次能源消费比重达到20%,森林蓄积量比2005年增加约45亿立方米。长期以来,我国为实现《联合国气候变化框架公约》目标所作的努力已得到国际社会的认可,许多国际组织纷纷表示中国应对气候变化的行动已超过了"公平份额"。

在我国的积极推动下,世界各国于2015年达成了应对气候变化的《巴黎协定》,我国于2016年率先签署《巴黎协定》,在2019年底前超额完成2020年气候行动目标,树立了信守承诺的大国形象。

目前我国正向着完成"双碳"目标积极努力,在《中华人民共和国国民经济和社会发展第十四个五年规划和2035年远景目标纲要》中,明确地将"碳排放达峰后稳中有降"列入我国2035年远景目标。习近平总书记在中共中央政治局第二十九次集体学习时围绕"碳达峰""碳中和""生态文明建设"发表了重要讲话,对今后一段时期乃至21世纪中叶应对气候变化工作、绿色低碳发展和生态文明建设提出了具体要求,以有利于促进经济结构、能源结构、产业结构转型升级,有利于推进生态文明建设和生态环境保护,持续提高生态环境质量,加快形成以国内大循环为主体、国内国际双循环相互促进的新发展格局,推动社会高质量发展。

二、"双碳"的研究意义

发达国家经历了上百年的工业化发展,而我国作为世界上最大的发展中国家,处于工业化与现代化发展的关键时期。当前我国工业结构偏"重"、能源结构偏"煤",能源利用效率低,我国传统污染物排放和二氧化碳排放皆在高位,大量依靠以化石能源为主的高碳发展模式已严重影响了生态环境,空气、水的质量,也影响人们的生产生活,现有的发展方式不可持续。习近平总书记指出:"我们既要绿水青山,也要金山银山。宁要绿水青山,不要金山银山,而且绿水青山就是金山银山。"

(一)降低碳排放,保护生态环境

"双碳"目标是为了降低碳排放、保护环境而实施的国家战略。随着我国经济快速发展,环境污染问题日益严重,空气、水、土地、森林、海洋等自然资源不断被破坏。"双碳"行动可以减少碳排放,改善生态环境。

(二)推动能源转型,实现能源安全

我国传统能源结构以煤炭、石油等化石能源为主,我国是一个多煤少油的国家,油气资源大量依赖进口。从长期来看,"双碳"目标可以有效摆脱我国经济发展对进口化石能源的依赖;以技术创新为手段,实施新能源、新材料、新技术的革新,使我国彻底走出化石能源不足的困境;借助碳资产、碳交易等市场机制与金融手段,可以进一步推动节能减排技术和清洁能源的发展,大力发展低碳经济,开辟新的经济增长点,提升我国能源安全和能源国际竞争力。

(三)应对气候变化,承担国际义务

"双碳"目标是对国际社会的庄严承诺,是应对全球气候变化的重要举措。全球气候变暖是人类面临的共同挑战,我国同样也会受到全球气候变化的影响。开展"双碳"行动,旨在减少碳排放,为减缓全球气候变化作出贡献。

(四)促进经济转型,推动绿色发展

近年来,德国提出工业4.0,美、日等国提出工业回归计划,我国制定《中国制造2025》,部署全面推进实施制造强国战略,世界各国对制造业的重视值得关注。以"双碳"目标为契机,推动绿色发展,实施"双碳"行动可以促进清洁能源的发展,推动经济结构转型,实现绿色发展。对新型制造业话语权的争夺不仅关系到我国在世界上的经济地位,更预示着一场科技与工业的全球革命。同时,这也关乎我国是否能成功从制造业大国升级为制造业强国,以及未来我国能否真正实现崛起。全球气候问题引发的碳排放权问题,从某种意义上讲,它相当于发展权问题,中国要突破碳排放限制,除了要实现技术突破,更需要发展从高碳转向低碳的新工业、新工艺,依靠新技术、新材料,突破高能耗、重污染的限制。

总之,"双碳"目标是我国实现可持续发展的必然选择,也是我国在国际上承担更多责任和义务的体现,我国要为人类应对气候变化、构建人类命运共同体作出贡献,把一个清洁、美丽的世界留给子孙后代,展现大国担当。

第二节 研究范围和研究方法

一、"双碳"的研究范围

本书主要研究在"双碳"背景下,我国陶瓷产业如何避免路径依赖,通过集群超越,实现可持续发展。本书的研究对象为我国的陶瓷产业,由于日用陶瓷历史悠久,产区分散,数据不易获得,而高技术陶瓷产业在我国才刚刚兴起,集群尚未形成,因此本研究的重点放在陶瓷产业中的建筑陶瓷板块。通过分析和借鉴意大利陶瓷产业的发展经验,对全国多个陶瓷产区不同类型陶瓷产业集群的演化升级进行研究,以期探寻我国陶瓷产业集群超越之道。

二、"双碳"的研究方法

研究方法是科学实践的工具,本研究采用的主要方法如下。

(一)实证分析方法

实证分析方法是分析经济问题时研究和验证现实经济现象的科学方法。此法通过收集、整理和分析数据来反映事实,并通过统计、分析来验证研究假设和理论的科学性。

运用实证分析方法分析经济问题时不带价值判断,主要考察经济现象间的联系,回答经济现象"是什么"的问题,以及在假定的与经济行为相关的前提条件下,分析和预测经济行为的后果。本研究以建筑陶瓷产业作为实证对象,运用生态学模型考察市场拓展能力、市场精耕对产业集群演化的影响。

(二)数理分析方法

数理分析方法指在经济分析过程中,运用数学方法、数学语言来推导和研究经济现象的方法。本研究借助生态学模型,运用数学方法来推导陶瓷产业的竞合演化。

(三)系统分析法

系统分析法是将研究对象看作一个整体,综合考虑影响系统的内部和外部要素,总体寻找解决问题的对策。本研究将陶瓷产业视作一个系统,考察其与外部环境发生的交互,分析环境对该产业演化的影响。

第三节 创新点和研究内容

一、有可能的创新点

(一)提出了陶瓷产业作为工业先锋产业的观点

陶瓷产业、纺织产业作为传统手工业,常常作为现代工业的先锋产业,在完成了工业化的启蒙和原始积累后,大部分地区的产业会向更高阶的产业演进,因此,陶瓷产业转移或升级,是一个地区经济发展的必然结果。

(二)从学理上为中国陶瓷产业的出口指明了方向

在国际贸易中,陶瓷产业往往是那些相对落后国家所具有的相对优势产业。陶瓷产业在国际贸易中表现为发达国家向欠发达国家出口技术和设备,欠发达国家向发达国家出口陶瓷产品,这从学理上为中国陶瓷产业的出口指明了方向。

(三)将生态学的观点与产业集群生命周期理论相结合

将生态学的相关理论引入产业集群演化升级之中,拓展了产业集群生命周期理论,为产业集群生命周期理论拓展了新的理论视角。从生态学的视角研究了"双碳"背景下陶瓷产业的转型升级及其可持续发展,将产业生命周期理论与可持续发展理论结合,通过对意大利建筑陶瓷近50年及我国陶瓷近40年发展的分析,深化了对陶瓷产业可持续发展的研究。

二、主要研究内容

本书的主要研究内容有八章。

第一章,绪论。本章主要介绍了研究背景及意义、研究范围和研究方法、创新点和研究内容等。

第二章,产业集群超越理论研究综述。本章通过对产业集群与产业集群生命周期理论,产业集群升级理论等文献进行梳理,为接下来的研究进行理论铺垫。

第三章,全球视角下我国陶瓷产业。本章主要分析了世界各国及我国陶瓷产业的现状,重点分析我国陶瓷产业的分布及特点。

第四章，佛山陶瓷产业集群的演化。本章主要研究了佛山陶瓷产业的形成与发展，重点研究佛山实施的"双转移"战略，佛山陶瓷产业的演化升级。

第五章，环保风暴倒逼临沂陶瓷产业升级。本章主要分析了以临沂为代表的山东重工业区，面对环保压力的陶瓷产业升级演化，提出了面对"双碳"目标临沂陶瓷产业发展的规划思路和演化路径。

第六章，区位选择视角下云南陶瓷产业演化。本章主要研究了地理环境、运输成本对陶瓷产业集群演化的影响，并指出了区位选择视角下云南陶瓷产业发展的规划思路和演化路径。

第七章，意大利陶瓷产业发展的启示。本章系统研究了意大利陶瓷产业兴起的原因以及近50年的发展历程，总结了意大利陶瓷产业特点及开拓国际市场的经验，为我国陶瓷产业转型升级提供借鉴。

第八章，生态学视角下我国陶瓷产业升级研究。本章从生态学视角为我国陶瓷产业的发展指明了方向。

第二章 产业集群超越理论研究综述

第一节 产业集群与产业集群生命周期理论

一、产业集群理论

产业集群(industry cluster)亦称产业簇群,是指某一行业内的核心企业,以及这些企业的合作企业、供应商、服务商、相关厂商和相关机构,因相互之间的关联性和互补性而紧密联系在一起,所形成的区位集中且相互关联的产业聚集现象。国内外学者分别从集群的外部性、技术创新、技术外溢、规模报酬递增、竞合关系等角度探讨了产业集群的形成原因与发展机理。

阿尔弗雷德·马歇尔(1890)在《经济学原理》一书中,首次提出了产业聚集、内部聚集和空间外部经济(external economies)的概念,并阐述了在外部经济与规模经济(scale economies)条件下,产业聚集产生的经济动因。杜能(1826)通过分析农产品的区位运输差异,开创了区位理论的先河。阿尔弗雷德·韦伯(1909)在《工业区位论》一书中,首次提出了聚集的概念,并从微观企业区位选址的角度提出了产业区位理论。保罗·克鲁格曼、藤田昌久等人提出了新经济地理学(new economic geography),该理论深入探讨了在不同形式的递增报酬(increasing returns)和不同类型的运输成本(mobility cost)之间如何进行权衡的问题,并对企业聚集现象作出了经济学解释。

二、产业集群生命周期理论

产业集群指一群在地理上邻近的企业和机构(通常称为行为主体),它们具有产业联系且相互影响,通过行为主体间的联系和互动,在区域内产生外部经济,从而降低成本,同时在行为主体相互信任与合作的学习氛围中促进技术创新。

产业集群生命周期理论是产品生命周期理论和产业生命周期理论的综合。有文献将产业集群生命周期分为四个阶段,即存在阶段、出现阶段、发展阶段和成熟阶段;也有文献将产业集群生命周期归纳为五个阶段,即聚集阶段、出现阶段、发展阶段、成熟阶段、转型阶段。聚集阶段,由于产业导向、市场需求或者偶然因素,某一区域聚集着一定数量的相关企业。出现阶段,聚集效应使企业间因合作出现抱团现象。发展阶段,因有稳定的产出,政府加大基础设施投入,群内技术创新能力增强,企业间产品形成差异。成熟阶段,产业集群的作用得到充分发挥,如助推区域经济增长、优化产业结构、增强市场竞争力以及改善创新环境,但此阶段也存在过度竞争,隐藏着衰退的危机。转型阶段,过度竞争导致产业集群整体绩效下滑,此时产业集群要么转型,要么衰退。

另外,参照产品的生命期,以群内企业的数量和质量为标志,产业集群的生命周期也可以分为萌芽、成长、成熟、衰退四个阶段。

产业集群的生命周期是以群内企业的数量和质量为标志,贯穿产业集群的产生、发展、成熟和衰退的全过程。相对于单个企业的生命周期,产业集群的生命周期更长。产业集群的生命周期是群内企业竞争、合作、联盟等关系,形成、发展、结束的过程。因为产业集群存在的微观基础是企业和技术,所以技术和企业周期的特性也影响着产业集群。

(一)产业集群生命周期的阶段

按照产业总体增速以及集群总体规模等指标,产业集群生命周期可划分为萌芽阶段、成长阶段、成熟阶段和衰退阶段。

1. 萌芽阶段

萌芽阶段为种子企业的出现阶段,这些企业在聚集区内通过信息分享、分工协作及资源共享而获得竞争优势。在此阶段,最初一两个种子企业的出现,可能使相关联的企业逐渐向其靠拢,于是,新的集群开始孕育。由于相关企业地理位置集中,企业间合作的交易成本和不确定性较低。此阶段的特征是集群的企业比较少,没有形成完整的产业链或价值链。各种资源如资金、技术、原料、配件、人才相对比较欠缺,对于集群内的最终产品市场影响力较小。

2. 成长阶段

集群发展迅速,集群内的资源日益集中,生产规模扩大,大量资源投入了主导产业。

3. 成熟阶段

生产过程和产品走向标准化,集群内企业追求扩大规模,生产注重成本控制,群内企业对专业技能和知识的学习和转化减少,产品技术含量降低,竞争同质化严重,存在过度竞争的情况,产品利润下降。

4. 衰退阶段

不是所有集群都能保持长期竞争力,由于过度竞争,或集群的锁定效应,集群内企业缺少应变的内源力,产业链出现松动,各种原先聚集的资源如资金、技术、人才等开始外流,产业集群对各种经济资源的吸引力大大下降,集群规模萎缩,集群内企业开始寻找新的发展出路。

(二)产业集群生命周期的性质

产业集群生命周期的性质包括:新陈代谢、自我复制、突变性、可逆性。

1. 新陈代谢

产业集群作为一个"生命体",在同化作用与异化作用下,不断从外界获得资源,为自身提供养分,产业集群将得到的人、财、物、技术、信息等资源结合起来,这些资源经过消化吸收成为产业集群内部的能量,这一过程就是同化过程;相反,产业集群向外提供合格产品,满足社会需要就是异化过程。同化与异化互为条件,相互促进。

2. 自我复制

由于信息、技术、资金等的溢出,集群内企业通过不断生产及扩大再生产,使自身技术水平、人员素质不断提高,规模不断扩大。同时,又有新的企业不断出现,集群呈现出再生殖、繁衍的情况,不断自我复制,集群发展呈螺旋上升的态势。

3. 突变性

集群的存在是多因素动态均衡的结果,其中,经济政策、重大技术革新、市场需求的改变、竞争格局的变化等都可能使产业集群发生质变。

4. 可逆性

特定情况下产业集群的生命周期可以无限延续,人们可以采取一些措施使产业集群企业进行技术升级、重组并购、管理创新、产品创新等焕发新的生命力,令产业集群内的组织关系发生根本性改变,如产业升级、产业改造等,最终使产业集群"返老还童"。

第二节　产业集群升级理论研究综述

一、产业集群的路径依赖

路径依赖的概念最早可追溯到保罗·大卫(1985)对计算机键盘技术演化过程

的阐述。虽然人们后来发现QWERTY键盘布局并不是最高效的,但规模经济和沉没成本使得已经对此习惯的人仍然执着于这种并非高效的键盘布局。道格拉斯·诺斯认为,路径依赖是指一种占优势的制度出现并稳定后,这种优势制度反过来影响后续选择。集群内企业习惯了现有的运行模式,现有的组织惯性使企业主往往对外部世界出现的重大变化表现出某种漠视。而这些新的"变化"会使得集群现有的优势显现出某种局限性,如果产业集群对外界变化"视而不见",该集群就会逐渐走向衰落。

产业集群发展中的路径依赖是有关行动者决策行为和行动的结果,同时集群内的路径依赖也制约了集群内成员的行动能力。因此,产业集群天然所具有的社会嵌入性在很大程度上决定了在产业集群发展过程中社会心理因素对组织路径的影响。

(一)路径依赖是产业结构形成和发展的根源

在一个国家或地区的经济发展初期,由于各种历史原因和环境因素的作用,某些产业得到了优先发展的机会,从而形成了特定的产业结构。这种发展路径的选择往往取决于既定的制度安排、技术积累和资源配置规则。一旦这样的路径被选择,就很难改变,因为它会通过影响后续发展的各个方面来制约产业结构的进一步变化。

(二)路径依赖具有一定的惯性特征

路径依赖具有一定的惯性,容易形成自我强化或自我抑制机制。例如,某个产业的规模扩大可能会带来成本效益,吸引更多资源和投资,使该产业发展更加稳定;相反,某个产业的衰退可能会导致就业机会减少和资本流失,进而形成恶性循环。这种惯性特征使得产业结构具有一定的稳定性,对于其他产业的进入和发展形成了一定阻碍。

(三)路径依赖并不意味着产业结构固化

虽然路径依赖使现有产业结构产生了一定惯性,但随着时间推移和环境条件变化,产业结构依然具有一定的变迁性和弹性。路径依赖只是对产业结构发展的一种解释,而不是对产业结构变动的解释。事实上,由于全球化和技术进步等外部因素的影响,产业结构日益发生着根本性的变化和重塑。新兴产业出现和老旧产业衰退,都是产业结构发展的必然结果。

(四)路径依赖存在一定的风险

一旦某个产业成为主导产业,对国家或地区经济发展产生了巨大贡献,就容易出现产业结构单一的问题。这种单一性使经济发展对某个特定行业依赖度过高,一旦该行业出现问题,将会对整个经济带来严重冲击。例如,过去几十年我国经济的发展主要基于低成本劳动力和加工制造业,这在一定程度上让我国经济对国际贸易的依赖过高。当国际贸易受到冲击时,我国经济也面临着一系列的挑战。

路径依赖与产业结构之间存在着紧密关系。路径依赖是产业结构形成和发展的根源,具有发展路径选择的惯性特征,但并不意味着产业结构固化,产业结构具有一定的变迁性和弹性,容易受到外部环境和技术进步的影响。然而,路径依赖也存在一定的风险,使得经济对某个特定行业的依赖度过高。为了实现经济的可持续发展,应积极应对路径依赖带来的挑战,推动产业结构的调整与升级,以适应新的经济形势和发展需求。

二、产业集群的锁定效应

产业集群的锁定效应分为社会资本锁定效应、认知锁定效应、政策锁定效应。

(一)社会资本锁定效应

社会资本是人们在社会结构中所处的位置给其带来的资源,社会资本对产业集群发展的影响是双向的。在产业集群发展初期,根植于当地社会关系网络能给产业集群带来降低交易成本及收益递增的机会,成为集群形成的推动器;但当产业集群面临产业升级和技术升级时,社会资本有可能成为阻碍力量。

以血缘、亲缘、地缘联系为纽带的社会资本,在自我封闭强化的同时,一方面会极大限制外部信息和技术资源的进入,以及限制产业集群内部更广泛的合作,导致集群内部高技术人才缺乏、信息滞后和管理水平低下;另一方面,由于产业集群内部缺乏新信息和新技术,"学习效应"的发挥也仅限于内部成员之间低层次的简单模仿,甚至是处于停滞状态。社会资本的锁定会限制产业集群技术创新能力的提升,使集群产业结构升级与价值链升级极其困难。

(二)认知锁定效应

认知锁定也称意识形态和文化观念的锁定,这种锁定往往可以促进集群发展,但有时也会导致保守与僵化。

道格拉斯·诺斯(1994)在研究制度对经济绩效影响时指出,选择性注意会导致区域认同,民众可能产生集体无意识,并有可能强化对所选择路径的"依赖"。由于路径依赖导致的认知锁定,会削弱集群内企业家的创新精神,不利于产业集群的持续发展。

这种认知锁定在一些传统产业集群中有明显的例证。比如我国景德镇陶瓷产业集群在20世纪90年代出现了衰退,这与当地的文化认知有关,景德镇有着一千年的手工制瓷历史,形成了浓厚的"官窑文化",这种认知锁定对新技术、新工艺的排斥,影响了新思维、新技术、新产品的出现。

(三)政策锁定效应

地方政府在认知和行动上的失误会造成政策锁定,政府的不当行为会影响到产业集群的发展,产生负面效应,如把发展工业园区等同于发展产业集群。广东清远在2007年前后盲目大量引进陶瓷企业,后因环保压力在2018年前后又强势限制陶瓷企业的发展。

锁定效应本质上是产业集群在其生命周期演进过程中产生的一种路径依赖现象。产业集群的锁定效应是指企业在一定空间集聚形成集聚经济体后,再由创新网络推动其生命周期演进过程中出现的一种路径依赖现象。为此,已有学者提出通过完善网络结构和创新环境以化解产业集群的锁定效应。

三、产业集群的集聚理论

(一)产业集群集聚的内涵

产业集群集聚是一种常见的经济现象,是指各种产业和经济活动在空间上集中产生的经济效果以及吸引经济活动向某些地区靠近的向心力,是导致城市形成和不断扩大的基本因素。

经济发展到一定阶段,产业布局就会呈现区域集聚的态势。早在1990年迈克尔·波特就在《国家竞争优势》中提出"产业集群",并对集群现象进行分析。产业集聚是指某类产业及其相互关联的上下游产业在特定的地理位置的集中,产业集聚是为形成竞争优势而出现的一种产业空间组织形式,其所具有的总体竞争优势是其他形式无法比拟的(李悦,2008)。因而,在经济全球化的今天,产业集聚作为产业优化配置的一种表现,已经发展为一种世界性的经济现象。

传统的产业集聚理论一般只是把企业集聚的区域作为企业的经营地点(site of operation);而新的集群概念是把企业集聚的区域作为企业的互动地点(site of interaction),通过互动,特别是知识的互动来实现创新。

马歇尔定义了地方性工业集聚的含义,他认为在某一块区域中,地方性工业会因不断地为技能提供市场而获得很大的利益,企业跟企业之间存在很强的关联性,并且实现了专业化分工。波特认为,产业集聚是相互联系并且地理位置临近的企业聚集在一起,以彼此的共通性和互补性相联结。

产业集聚主要有以下几个特点:一是地理上的临近性。各种产业在同一空间集聚。二是偶发性。产业集聚地是在经济持续演进过程中形成,是动态的且具有偶发性特征。三是形态多元化。由于运输成本、市场资源等各种因素的作用,产业聚集没有固定形式,形态多样。

(二) 产业集聚形成的影响因素

1. 区位优势

早期区位条件是产业集聚的决定性因素,降低各项成本是企业位置选择的首要条件。对于特定行业,只有气候、地质、地貌等自然资源条件满足之后,企业才能进行生产,所以早期地理位置,以及距离自然资源的远近成了产业集聚的关键因素。但随着技术发展特别是交通效率的提高,区位优势对产业集聚的影响已不再那么重要,自然资源对产业集聚形成的作用越来越小,产业集聚受区位条件的制约也越来越小。

2. 外部型经济

产业集聚的同时会形成资源溢出,在同种产业中同一地理位置集聚更多的同类企业就会产生更多的资源来促进企业发展,这些资源包括劳动、资本、信息等生产要素,共享同一地理位置或相近区域的企业能够共享供应商和顾客,这意味着企业可以利用资源和技术的集合效应,形成规模经济,从而更加高效地生产和销售产品,扩大市场规模。

3. 技术和科研创新能力

首先,企业技术进步可以提高企业竞争优势,随着技术进步,企业的流通能力增强,产品运送成本进一步下降,企业市场辐射能力不断增强。其次,随着技术的不断进步,企业可以更高效地利用资源,提高生产效率。最后,技术进步带来生产方式的转变,将原有商业模式转化为新的商业模式,能带给原产业集聚区更多的新参与主体。

4. 相关产业的支持

关联产业的支持是形成产业集聚的必要条件,比如咨询机构、智库等辅助支撑机构。因为有这些相关产业的支持,才能够推动产业集聚的深化和发展。

5. 政府行为

某些时候政府政策是产业聚集的关键要素。在中国,政府行为是产业发展不可忽视的要素。

（1）政府在环保、供地、税收等方面的扶持措施对该地区产业集聚的初步形成具有重要作用，一个地区产业集聚发展很大程度上取决于当地政府产业政策。

（2）当产业集聚发展进行到一定程度后，基础设施建设及相应的配套设施建设成为关键。基础设施建设不仅可以促进该区域产业的发展，还可以吸引更多区域外的优秀企业入驻。

（3）政府是市场秩序的维护者，政府的产业政策或相关法律法规既可以防止重复建设，也可以影响产业的未来。

（三）产业集聚效应的影响

1. 产业集聚能提高区域内企业的生产率

彼此之间存在相互竞争、相互合作的企业大量集中在同一个区域内，这些企业之间可以共享信息、自然资源、公共基础设施，形成协同效应。

2. 产业集聚能集聚和培养人才

产业集聚可以吸引更多优秀人才在同一个区域集中，人才在同一个区域的集聚也有利于人才的培养，企业可以减少人才招聘成本，提升企业生产效率。

3. 产业集聚能提升区域内企业竞争力

企业集中在一定区域，有利于获取商业信息、原材料、配套设备等。同时，同一区域企业之间的竞争，有利于促进企业提高技术水平和产品竞争力。

四、产业集群衰退理论

对于产业集群衰退理论的研究可以追溯到衰退产业理论。对于衰退产业，迈克尔·波特教授认为在一段时期内产品的销售量持续绝对下降的产业是衰退产业；亚瑟·伯恩斯认为产业的增率随着产业年龄的增长而逐渐下降的产业是衰退产业；毛林根则认为增长出现持续有规则减速的产业是衰退产业。周新生从产业生命周期的角度出发，指出产业衰退是产业从兴盛走向成熟再走向没落的过程，因此产业衰退是客观现象，是产业生命周期的最后一个阶段。产业衰退是产业创新能力不足而导致的竞争力下降，产业衰退的过程也是生产要素退出该产业的过程，因此，产业衰退与生产要素退出紧密相连，产业衰退是对产业自身的否定并孕育新产业和新产品的过程。

产业集群衰退是产业集群在发展过程中受产业结构、生产技术、外部市场、政府政策、外部关系等影响，在集群间及集群内企业间产生竞争优势、产品特色，以及经济效应等方面的衰退。产业集群衰退是主导产业衰退的结果，也是集群生存风险的集中体现。

产业集群衰退是一个动态过程,虽然集群衰退多数发生在产业集群生命周期中的成熟期和衰退期,但是,集群形成期和发展期也同样伴随着集群衰退现象。现实中,某一要素、结构或者功能层面的衰退多数情况下不会直接引起整个集群系统的衰退,这是由于当衰退症状出现时,集群努力通过组合各种有利于阻止衰退的物质、能量和信息,组建强有力的治理平台来弱化和消除衰退带来的负向影响。

(一)产业集群衰退的特征

产业集群衰退的主要特征:集群规模萎缩、呈现负增长、边际递减现象等,集群内竞争激烈程度进一步下降,产业链合作出现松动,集群渐成该区域经济的夕阳产业,集群内的终端产品或某些产品市场需求下降,这些产品对周边地区或国内、国际市场的影响力下降,某些产品完全垄断或主导市场的局面被打破;各种原先聚集的经济资源如资金、技术、人才等开始外流,产业集群对各种经济资源的吸引力大大下降。

1. 集群内部结构性缺陷

当前我国产业集群大部分属于资源密集型产业,主要围绕市场、劳动力、原材料而聚集,总体技术含量不高,以价低量大取胜。集群主体还局限在生产制造环节,关键技术与设备还在区域外,群内自主创新能力不强。这种结构性缺陷一旦导致要素(人工、土地、原材料、政策)成本上涨,集群便失去竞争优势,导致集群衰退。

2. 集群创新能力不足

集群出于对未来发展的考虑,不断提升自身竞争力,在产业成长过程中,创新活动影响着产业的市场结构与技术结构的演进。创新不是一个企业孤立的行为,企业在创新过程中需要与外界大量交换信息,形成集群创新。但由于集群结构,集群内部关系,以及创新企业开放性要求等多方面原因,集群创新能力也受到了影响。

3. 集群内部低水平重复竞争

国内许多集群存在不同程度的低水平重复竞争现象,势必造成行业内的恶性竞争,导致集群内耗严重,削弱了集群的产业优势和整体竞争力。

集群内企业退出集群通常有两个原因:一是因为过度竞争,集群内生存成本高于迁徙成本;二是受宏观经济或产业生命周期的影响,行业整体衰退,产业集群生态解体,产业链发生多处断裂,集群失去生机或完全解散。

(二)产业集群衰退的表现

产业集群衰退的主要表现是集群的可控性和灵活性均降低,美国学者伊查克·爱迪思创立了企业生命周期理论,他认为企业同生物体一样有生长和衰老,可以通过灵活性和可控性两大指标来反映,以此判断企业处在生命周期的哪一个阶段。灵活性和可控性之间的关系相互影响,在系统诞生初期,系统具有较大的自主权,主体间关系松散且灵活,但因系统主体的发展目标必定与系统发展目标不一致,系统主体要受到系统的约束,随着系统的成长,对系统主体约束加强,系统灵活性降低,而可控性增加,持续推进则导致系统的僵化,如图2-1所示。从可控性和灵活性的发展趋势来说,系统具有自身的规律。

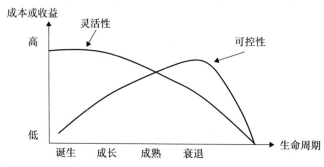

图2-1 系统的灵活性与可控性关系图

产业集群是由关联企业和机构组成的复杂系统,产业集群的生命周期符合系统灵活性与可控性的相互关系。当产业集群进入衰退阶段后,从图2-1中可明显看出可控性高于灵活性,系统成为封闭僵化的系统。正如马库森所说,越成功的集群,越可能发展为封闭僵化的系统,对外界反应不灵敏,整个集群失去竞争力,最后走向消亡。

随着集群的发展,集群收益增速逐渐放缓,集群网络成本逐渐增加,在成熟期之后,集群收益小于集群网络成本。因为集群形成往往是基于成本优势,由运输成本、信息成本、生产成本、交易成本等成本下降而产生的集群收益。但随着集群不断成熟,维持集群发展的网络成本不断增加。当网络成本线位于集群收益线上方时,集群走向衰退,如图2-2所示。

进入衰退阶段后集群企业数量明显减少,中介服务组织等相关机构撤出集群,企业间分工协作网络被打破,集群产业规模变小,上下游产业链发生断裂,集群文化开始没落,集群总体衰退。

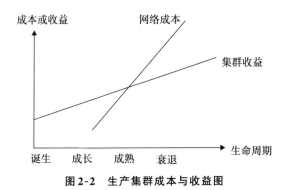

图 2-2　生产集群成本与收益图

（三）产业集群衰退的一般性原因分析

1. 内部矛盾的积累

集群内同种企业的大量聚集,并相互协作,创造了市场规模,增加了企业资产的专用性,集群内企业在分工协作的基础上能按最优规模进行专业化生产,集群在高效率运转的同时,也失去了一定柔性。文化背景相同的大量企业聚集在同一地理空间,相互学习,使得能力和信息趋同,在面对相同的机会和威胁时做出决策也会趋同。集群内企业在相互信任的基础上建立的网络化结构虽然降低了交易成本,但是加强了集群的封闭性,使整个集群对外部知识、技术的获取能力以及对外部环境的应变能力减弱。协同与溢出效应使众多企业坐享创新外溢的好处,但也滋生了"搭便车"的思想,引发了集群内企业的创新惰性。

集群作为市场和企业之间的中间组织,同时具备了市场机制与传统单体科层组织结构的优点,因此,它在市场竞争中表现出无法比拟的竞争优势。然而,由于集群的路径依赖性,根植于集群自身特性的竞争优势往往缺乏自我更新与提升的能力,并因长期固化而成为导致集群衰退的核心刚性。核心刚性又称核心刚度或能力陷阱,主要是由于过分追求既定目标造成的,其存在严重地制约了企业的战略选择。

2. 外部环境的改变

我国的各类产业集群的建立大多基于规模化与低成本的优势,在全球价值链的分工中位于低端制造环节。这些年来面对劳动力成本上涨,环境治理成本增加,在成本优势丧失之后,集群内企业纷纷离开我国,去寻找新的成本洼地,如服装产业、电子装配业前几年从我国搬迁至东南亚。因此,用产业集群来推动区域经济的增长,并不是一劳永逸的事情,当产业集群进入衰退阶段之后,封闭的系统很难获得外部资源,可能使当地经济变得萧条。

(四)产业集群衰退的根本原因分析

不同类型的产业集群有不同的衰退风险,同种类型的产业集群处于不同的生命周期阶段也会有不同的衰退风险,如表 2-1 和表 2-2 所示。

表 2-1 不同类型产业集群的风险表

类型	意大利式产业集群	卫星式产业集群	轮轴式产业集群
主要特征	以中小企业居多 专业化性强 地方竞争激烈 合作网络:基于信任的关系	以中小企业居多 依赖外部企业基于低廉的劳动成本	大规模地方企业和中小企业明显的主次之分
主要优点	柔性专业化 产品质量 创新潜力大	成本优势 技能/隐性知识	成本优势 柔性 大企业作用
主要风险	路径依赖:面临经济环境和技术突变适应缓慢 停滞/衰退:内部劳动分工的变迁、部分活动外包给其他区域、轮轴式结构出现	销售和投入依赖外部参与者,有限的诀窍影响了竞争优势升级;前向和后向工序的整合给客户提供全套的产品或服务	整个集群依赖少数大企业的绩效停滞/衰退升级内部分工变化

表 2-2 产业集群不同生命周期阶段的风险表

生命周期	诞生期	成长期	成熟期	衰退期
风险	战略趋同风险	本地化风险 政策风险 金融风险	路径依赖风险 锁定风险	企业退出 产业转型

根据表 2-1 和表 2-2,不同类型集群、所处不同时期的产业集群面临的潜在风险是不同的。不是所有的集群都需要经过诞生期、成长期、成熟期才会进入衰退期,衰退期可能会提前到来。导致产业集群衰退的原因多种多样。战略趋同风险、政策风险、锁定风险等只是集群衰退的诱发性因素,集群的僵化和锁定效应导致集群不能适应外部环境变化是衰退期的根本原因,集群面对的环境是不断变化的,集群需要具备整合内外资源,适时进行战略转换,形成新竞争优势的能力。

五、集群超越理论

王缉慈2010年在《超越集群:中国产业集群的理论探索》一书中探讨了高技术产业集聚区域、艺术村和数字内容产业集群,探讨了高技术产业的集聚形式和产业升级路径,指出"产业集群"是一个中性词,它对当地经济发展是一把双刃剑。

综合来看,以生产要素为中心的发展模式行不通,单纯依靠本地资源发展产业集群存在隐患。要超越集群需基于内驱力的区域发展理论,依靠创新,依靠内驱力推动地区经济发展。集群超越理论的基础可以追溯到提斯与皮萨罗于1994年正式提出动态能力的概念,动态能力是能够创造新产品和新过程,以及对变化的市场环境做出响应的一系列能力;是指企业整合、创建、重构内外资源从而在变化多端的外部环境中不断寻求和利用机会的能力;也是指企业重新构建、调配和使用核心竞争力,令企业能与时俱进的能力。Helfat等人(2007)提出了评价企业能力的两个标准:技术(内部)适应性和进化(外部)适应性。技术适应性是指企业在内部管理和运营方面的能力,包括研发能力、生产管理能力、质量控制能力等。这些能力确保企业在内部运作中能够高效地利用资源,优化生产流程,提高产品质量和服务水平。技术适应性强调的是企业内部的知识和技能积累,通过"干中学"和持续改进来提升企业的核心竞争力和创新能力。进化适应性则关注企业在外部环境变化中的适应能力,包括市场变化、技术进步、政策调整等方面的应对能力。企业需要通过监测外部环境的变化,及时调整战略和业务模式,以保持竞争优势。进化适应性要求企业具备敏锐的市场洞察力、灵活的组织结构和快速响应机制,以便在外部环境变化时能够迅速调整和适应。产业集群的超越更注重认知邻近和关系邻近,它是由经济网络和社会网络构成的复杂的网络体系,倾向于无边界的发展趋势。

第三章　全球视角下我国陶瓷产业

第一节　陶瓷产业的演变

一、陶瓷的定义

传统上,陶瓷是陶器、炻器和瓷器的总称。通常直接使用未经处理的天然矿物,如黏土、石英和长石等为原料,经过配料、成型、干燥、焙烧等工艺流程制成的器物都可以叫陶瓷。

现代陶瓷包括的范围较广,用除黏土外的其他原料,依陶瓷制造的工艺方法制成的制品,也可叫作陶瓷,如滑石瓷、金属陶瓷、电容器陶瓷、磁性瓷等。它们广泛应用于无线电、原子能、火箭、半导体等工业。传统的陶瓷材料都属"硅酸盐"类,也称"硅酸盐陶瓷",现代陶瓷不断提高配方中氧化铝的含量,加入许多纯度较高的人工合成化合物代替天然原料,以提高陶瓷的强度、耐高温性和其他性能。后来发现,不用天然原料、不用硅酸盐,也可以做成陶瓷,而且性能更优越,于是出现了材料不属"硅酸盐"类的现代陶瓷。

综上所述:陶瓷是天然或人工合成的粉状化合物,经过成型和高温烧结制成,是由金属和非金属元素的无机化合物构成的多晶固体材料。目前,所有陶瓷制品通称为"无机非金属固体材料"。

二、陶瓷的分类

(一)按组成原料成分与工艺分类

传统陶瓷产品按组成原料成分与工艺可分为三种:陶器、瓷器、炻器。

1. 陶器

陶器是以陶土、河沙为主原料,配以少量的瓷土或熟料等,经高温(1000 ℃左右)烧制而成,可施釉或不施釉。其制品具有孔隙率较大、强度较低、吸水率大、断面粗糙无光、不透明,以及敲之声音喑哑等特点。陶器又分为粗陶和精陶,粗陶一般由一种或多种含杂质较多的黏土组成坯料,经过烧制后的成品一般带有颜色,建筑工程中使用的砖、瓦、陶管等都属于此类。精陶一般经素烧和釉烧两次烧成,通常呈白色或象牙色,吸水率为9%—12%,吸水率较高的则在18%—22%,建筑饰面用的彩陶、美术陶瓷、釉面砖等均属此列,精陶按其用途不同,可分为建筑精陶、日用精陶和美术精陶。

2. 瓷器

瓷质制品结构致密,基本上不吸水,颜色洁白,具有一定的半透明性,其表面通常均施有釉层。瓷器按其原料的化学成分与工艺制作的不同,分为粗瓷和细瓷两种。瓷器又分为陈设瓷、餐茶具、美术陶瓷、高压电瓷、高频装置瓷等。

3. 炻器

炻器是介于陶器和瓷器之间的一类陶瓷制品,也称为半瓷。其构造比陶致密,一般吸水率较小,但又不如瓷器那么洁白,其坯体多带有颜色,而且无半透明性。

炻器按其坯体的致密程度不同,又分为以下两种:

(1) 粗炻器。粗炻器吸水率一般为4%—8%,建筑饰面用的外墙面砖、地砖和陶瓷锦砖(马赛克)等均属于粗炻器。

(2) 细炻器。细炻器的吸水率小于2%,日用器皿、化工及电器工业用陶瓷等均属细炻器。

(二) 按烧成工艺及配方构成分类

陶瓷按烧成工艺及配方构成不同可分为传统陶瓷和现代陶瓷。

1. 传统陶瓷

传统陶瓷按用途又可分为建筑卫生陶瓷、陈列艺术陶瓷和日用陶瓷。

(1) 建筑卫生陶瓷。建筑卫生陶瓷是陶瓷家族的一大类,是指主要用于建筑物饰面、建筑构件和卫生设施的陶瓷制器。它包括了各种陶瓷墙砖、地砖、琉璃制品、饰面瓦、陶管和各种卫生间用的陶瓷器具及配件。如今,人们对建筑卫生陶瓷制品的需求日益增多,而且在品种、性能、功能以及装饰效果上的要求也日益变高。

(2) 陈列艺术陶瓷。"美术陶瓷"或"陈列艺术瓷"一词在"陶艺"一词尚未出现时几乎泛指了所有的纯欣赏的或具有一定使用功能的陈设性陶瓷,包括陶瓷雕塑、花瓶、挂盘、壁饰等。陈列艺术瓷是单纯从外延的角度来界定的,既包括手工的陶艺作品,又包括批量生产并用于装饰和陈设的大众化、商品化的陶瓷工艺品。

(3)日用陶瓷。随着社会分工的发展,为满足人们生活所需,不同类型、不同样式的陶瓷应运而生。人们一般把具有实用功能的,能满足人们日常生活和具有一般审美意义的陶瓷制品称为日用陶瓷。在我国,日用陶瓷分为茶具、咖啡具、碗、盘餐具、酒具、坛、罐、文具、画具、烟具、花瓶等。

2. 现代陶瓷

现代陶瓷的概念已远远超出古老的传统陶瓷的范畴,具有高强耐温、耐腐特性或各种敏感特性的陶瓷材料,由于其制作工艺过程与传统陶瓷不同,更重要的是由于其化学组成、显微结构及特性不同于传统陶瓷,故称其为新型陶瓷。新型陶瓷也有以下几种说法:先进陶瓷、高性能陶瓷、高技术陶瓷、精细陶瓷、特种陶瓷、工业陶瓷等。我国大多称为"工业陶瓷"。

新型陶瓷分成两大类,即结构陶瓷(或工程陶瓷)和功能陶瓷。结构陶瓷是指具有机械功能、热功能和部分化学功能的陶瓷;功能陶瓷是指具有电、光、磁、化学和生物体特性,且具有相互转换功能的陶瓷。新型陶瓷往往不仅仅具备单一的功能,因此很难确切地进行分类。功能陶瓷具有电绝缘性、半导体性、导电性、压电性、铁电性、磁性、耐腐蚀性、化学吸附性、生物适应性、吸声性、耐辐射性等功能,且这些功能之间能够相互转换。

三、陶瓷产业的形成

(一)世界陶瓷产业发展的历史渊源

世界陶器产业的起源从历史看有三大区域:①东亚区域;②西亚、北非、欧洲区域;③美洲区域。美洲制陶业在哥伦布发现美洲大陆之前一直独立、缓慢地发展着。东亚陶瓷主要是以中国为源头及核心不断向周边的越南、朝鲜、日本以及东南亚地区扩散。中世纪欧洲陶瓷发展主要是受我国和西亚地区的影响,最初阿拉伯人将伊斯兰陶器经西班牙传入意大利,在意大利发展成风格独具的锡釉花饰瓷,制瓷技术再越过阿尔卑斯山脉,在法国出现锡釉软质瓷,直至17世纪荷兰的锡釉陶以仿制中国青花瓷和五彩瓷而闻名天下,中世纪欧洲瓷是在伊斯兰陶器和中国瓷的影响下发展起来的。

几千年来,陶器在世界许多地方均有生产,但瓷器却被公认是中国人发明的,自14世纪东西方开始陶瓷贸易,欧洲与中国就存在着巨大的贸易逆差,造成大量白银流失,为增加本国财富,18世纪欧洲各国都加紧了对陶瓷的研制。欧洲最早的瓷器是德国的迈森工厂生产的,随后制瓷技术传播至意大利、英国、法国等。

（二）陶瓷产业价值链的构成

陶瓷产业可笼统地划分为三大块，即主体产业、配套产业、物流产业。从陶瓷产业链角度进行分析，陶瓷产业不仅是陶瓷产品制造，还包括了上游的装备制造、原料制备、色釉料及辅助材料的制造，以及下游的包装、分销、会展、贸易、物流等。

中国陶瓷产业链从矿山原料开采—原料加工—陶瓷生产—各级销售商的产业结构已基本形成。但相对于其他行业而言，陶瓷业的产业链并不算长。陶瓷产业链结构大致可以分为三个部分：第一部分是供应商，为生产厂商提供生产所需的原材料，包括陶土、色料、釉料等原料，燃油、煤、天然气等能源，防污剂、添加剂等辅助材料和其他材料；第二部分为生产厂家，其中除了陶瓷生产企业外还有成型、干燥、烧成、控制等基础设备企业和为陶瓷生产企业提供运输、配套产品工具、通信等服务的企业；第三部分为分销商，它由通过各种销售方式使产品到达消费者手中的代理商和专卖店等构成。

第二节 陶瓷产业的地位

一、传统手工业是工业化的先导产业

陶瓷产业是一种几乎遍布全球有着悠久历史的传统手工业，传统陶瓷是一个高能耗、高人工投入，低技术依赖的传统行业，观察众多工业化国家或地区，陶瓷工业常常成为一个地方工业的先驱，工业基础较为薄弱的地区如果拥有瓷土资源，常常将陶瓷产业作为发展工业的首选。

在14—18世纪的东西方贸易中，东方对西方输出的主要货物是瓷器和茶叶，并因此对西方世界造成巨大的贸易顺差。在17—18世纪，欧洲各国王室均大力支持和发展本国的陶瓷工业，并受益匪浅，如荷兰、英国、法国王室均从制瓷工业中获得过巨大的财政收入。英国曾出现过多个陶瓷产业集群，中华人民共和国成立后，陶瓷也曾是我国主要的出口换汇产品。

由于传统陶瓷资源投入高、技术壁垒低，在国际贸易中，陶瓷业是一个反向贸易的行业（落后国向先进国家或地区出口，人才成本低，经济技术不发达国家更具有比较优势的产业）。几十年来，世界陶瓷业多次从发达地区向欠发达地区转移，陶瓷业一直在找寻成本洼地，人工工资低、环保要求低、经济相对落后的地方，成为陶瓷业投资的热土。

当前我国陶瓷产业的总产值在国民经济中的占比不到1％，从地区来看，只有极少数经济较落后、产业结构单一的县域(如江西高安、福建德化)的陶瓷产业占当地工业经济总量的一半以上,陶瓷产业是当地经济的绝对支柱;而经济较发达地区(如广东佛山,山东临沂、淄博)则将陶瓷产业作为当地经济发展的先导产业,完成工业生产的原始积累之后,当地产业向高附加值的替代产业演进,随着其他高阶产业的不断发展,陶瓷产业的地位逐渐变得无足轻重。

当一个地区完成工业化之后,首先淘汰或向外转移的往往就是高能耗、高污染、低附加值的产业,如陶瓷产业。20世纪中叶,发达国家和地区逐步向发展中国家转移陶瓷技术和产能。近50年,陶瓷产业经过了四次大转移,目前陶瓷产业正由我国向东南亚、南亚及非洲转移。我国陶瓷产业的发展模式处于减量发展阶段,未来以品牌、质量、服务、技术和设计创新为核心的内涵式、创新性发展将成为陶瓷产业发展的主流。

二、中国陶瓷国际市场分析

陶瓷业因其劳动力资源密集性的特点,在国际贸易中,资源丰富、经济不发达国家更具有比较优势,陶瓷产品往往是经济欠发达地区向发达地区出口,我国陶瓷出口的主要市场是美国和欧盟国家。2021年我国人均GDP达到80976元,按年平均汇率折算达12551美元,在RECP协议的15个国家中,新加坡、日本、韩国、文莱、澳大利亚、新西兰的人均GDP高于我国,马来西亚2021年人均GDP11371.1美元略低于我国,其他的东盟国家人均GDP远低于我国,越南2021年人均GDP3725美元,菲律宾2021年人均GDP3572美元,在发展中国家中较落后,而柬埔寨、老挝、缅甸都属于人均GDP在3000美元以下的贫穷国家。

由表3-1可知,2021年我国日用陶瓷出口额前10名地区中,除美国和欧盟外的其他地区进口陶瓷总量都不及美国。日本、韩国、新加坡等经济较发达的RECP成员国,我国陶瓷制品在当地拥有成本优势,但这些国家的低端市场容易受到越南等成本更低国家陶瓷产品的冲击。

表3-1 2021年我国日用陶瓷出口额前10名地区一览表

排名	出口地区	出口额/美元
1	美国	2836391368
2	欧盟	1794263759
3	越南	481267340
4	英国	452964356

续表

排名	出口地区	出口额/美元
5	韩国	422536927
6	澳大利亚	306827134
7	马来西亚	305084441
8	沙特阿拉伯	256572662
9	日本	241536369
10	加拿大	232164298

越南从我国进口的日用陶瓷主要为卫生洁具,越南、印度尼西亚、老挝等欠发达国家,当地生产陶瓷比我国更具成本上的优势,其对中国的陶瓷装备、陶瓷化工有较大需求。

三、我国发展陶瓷产业其文化价值大于经济价值

在几个世纪的国际贸易中,中国瓷器享誉世界,陶瓷产业既是历史悠久的产业,也是一种与文化、艺术及科技紧密联系的产业。陶瓷是一个能够承载文化底蕴的产品,是土与火的艺术,更是人类文明进步的标志,我国发展陶瓷产业,其文化传播价值、情感价值远大于经济价值。

第三节 世界陶瓷产业的格局

一、国外陶瓷产业发展情况及趋势

经过多年发展,全球陶瓷市场供大于求。发达国家和地区逐步向发展中国家转移陶瓷技术和产能,全球陶瓷市场需求艺术化、多元化、个性化,市场竞争白热化,市场销售配套化、无序化。欧美国家积极研究开发工业陶瓷、艺术陶瓷等高附加值陶瓷产品和领域。日本以精致的实用设计为主,将工业用精密陶瓷作为重点开发的领域,其先进陶瓷元件占据了国际市场的很大份额。美国优先发展精密科技工业陶瓷,电子陶瓷元件是陶瓷产业的市场主流。欧洲青睐于实用的陶艺产品,讲求陶瓷作品雕塑与装饰效果。意大利和西班牙是传统瓷砖强国。印度的建筑卫生陶瓷则发展较快。

（一）日本陶瓷业

日本是世界性的陶瓷强国。日本陶瓷正在向精密高科技化发展，陶瓷产业非常兴盛，占了日本所有传统产业的50%，因此，日本陶瓷从业人口的比例也相当高。整体来说，日本陶瓷产业的未来趋势，仍以精致的实用设计为主。

日本将工业用精密陶瓷视为决定未来竞争力前途的高科技产业，不遗余力地投入大量资金，生产的先进陶瓷原件已占据了国际市场的主要份额。日本在材料科学领域一直走在世界的前沿，特别是在高技术陶瓷材料方面占有绝对领先的优势。同时，日本还在不断创新高科技陶瓷材料及应用，在化学工业、食品工程、环境工程、电子行业中开拓更广阔的发展前景。

日本陶艺也较为发达，存在相当规模的职业陶艺家，因此，日本的日用陶瓷在世界中高档陶瓷市场中占有很大的份额。他们不再局限于过去普通的陶器与瓷器制品生产，而是强调更多满足日用陶瓷使用功能与用途上的需求，如增强陶瓷餐具的抗菌性能，对于卫生陶瓷强调产品的防污性、节水效果等；研制新产品中特别注意提高环境保护的标准与有利于人体保健的效果。

日本陶瓷生产工艺与技术装备基本完成了自动化与智能化等高科技改造，如连续式自动化原料加工、高强度磁性除铁工艺等静压与水压成型工艺、自动施釉、自动干燥乃至全自动控制烧成技术等。除极少数工序尚待完善外，凡是可由机械代替人工操作的部分全部实现全自动化操作。

（二）美国陶瓷业

美国陶瓷多用在精密科技工业。其中电子陶瓷元件为市场主流。为了提高陶瓷后加工的效率，朝着节约能源、减少环境污染、提高效率的方向发展，微波烧结、连续烧结或快速烧结等新技术及装备也应运而生。

从2000年开始，美国陶瓷协会与美国国家能源部更联合资助了为期20年的美国先进陶瓷发展计划，主要运用在先进陶瓷的基础研究、应用开发和产品使用上，共同推动先进结构陶瓷材料的应用发展。目标是到2020年，先进陶瓷以其优越的耐高温性能、可靠性以及其他独特性能，广泛地应用于工业制造、能源、航空、交通、军事及消费品制造等领域。例如，目前美国格鲁曼公司正在研究大气层超音速飞机发动机的陶瓷材料进口、喷管和喷口等部件；杜邦公司也已研制出能承受1200—1300 ℃、使用寿命2000 h的陶瓷基复合材料发动机部件等。

（三）欧洲陶瓷业

欧洲的陶瓷产业，较偏向于艺术性，与绘画、雕刻、建筑一样，注重作品的雕塑与装饰效果,强调艺术与工业的结合,讲求造型的单纯化、合理化,重视实用与美观。受到20世纪80年代末期与90年代简约风格的影响,目前陶瓷作品风格偏向柔性、有朝个性化发展的趋势。

欧洲各国目前也投入大量资金和人力发展功能陶瓷与高温结构陶瓷,目前研究的重点在于发电设备中应用的新型材料技术,如陶瓷活塞盖、排气管里衬、涡轮增压转及燃气轮转。欧盟成员国总共拥有1500家建筑陶瓷、日用陶瓷、卫生陶瓷类型企业。建筑陶瓷约占年销售额的60%,日用陶瓷、卫生陶瓷分别约占年销售额的20%。建筑陶瓷、卫生陶瓷生产集中在少数跨国公司,日用陶瓷生产分布在欧洲100多个独立的企业。欧洲传统陶瓷工业的强大生命力在于生产工艺和产品的不断创新,欧洲机械设备销往世界各地,虽然全世界几乎每个国家都能生产陶瓷设备,但其他地区陶瓷设备质量不如欧洲产品。

1. 英国陶瓷业

英国日用陶瓷生产量约占欧洲的25%,骨质瓷的初始产地在英国,价格昂贵。英国、德国和西班牙的卫生陶瓷产量共占欧洲的30%左右;英国、西班牙和法国分享世界20%日用及卫生陶瓷市场。英国对建筑陶瓷产业采取了限制发展的政策,进口量位居世界进口国第五位。

2. 德国陶瓷业

德国日用陶瓷生产量约占欧洲的25%,德国的日用陶瓷和卫生陶瓷工业设备约占全球市场份额的80%,另外的20%则由英国、西班牙、法国分享。德国对建筑陶瓷产业采取了限制发展的政策,进口量位居世界进口国第三位。

3. 法国陶瓷业

法国卫生陶瓷的生产量约占欧洲的20%,同英国、西班牙分享20%的陶瓷设备市场。法国的日用陶瓷在欧洲的产量上排英、德、意之后,属世界性日用陶瓷强国,著名的世界品牌有昆庭、柏图、塔若等。

4. 意大利陶瓷业

意大利是世界上的陶瓷强国,其日用陶瓷生产量约占欧洲生产总量的25%,建筑陶瓷生产量占欧洲总产量的50%左右,卫生陶瓷生产量约占欧洲的30%。另外意大利建筑陶瓷工业设备在世界范围内具有领先地位,意大利除陶瓷种类齐全外,陶瓷产业链也非常完整,产业分工较细,各环节均发育良好。意大利瓷砖出口达到总销售量的70%。

5. 西班牙陶瓷业

西班牙为世界陶瓷生产强国,其产品在设计、色彩及技术创新上一直处于世界领先地位,卫生及建筑陶瓷设备占据世界较大的市场份额。

二、国内陶瓷产业分布情况

(一) 主要区域分布

历经30多年的发展,我国陶瓷产业布局几经变化,由传统几个重点产区逐步向全国"区域化布局",形成了目前30多个重点基地,除北京、海南外,全国各省市基本都有陶瓷布局,呈现区域化、分工化、生产聚集化的特点。改革开放初期,我国在不同区域重点布局了少数国有企业,到20世纪90年代形成了所谓的"三山一海两江"("三山"指广东佛山、山东博山、河北唐山;"一海"指上海,包括江浙地区;"两江"指四川夹江、福建晋江)和"八大产区"(广东佛山、广东潮州、江西景德镇、福建德化、河北唐山、江苏宜兴、湖南醴陵、山东淄博)的格局,如表3-2所示。发展至今,在全国各地形成了30余个各具特色的产业集群,全行业区域性布局更加合理,广东、福建、山东等是建筑陶瓷传统重点产区,广东、河北、河南等是卫生陶瓷重点产区。新兴产区则借助于传统产区产能调整的机遇,承接转移的产能,江西、辽宁、四川、广西、河南、湖北、陕西等地建筑陶瓷和卫生洁具产量增长迅速。

表3-2 中国传统陶瓷八大产区表

产区	产业特色、定位
广东佛山	中国八大陶瓷产区之一,中国建筑陶瓷四大产区之一,中国最大的建筑陶瓷、卫生陶瓷生产基地,佛山石湾被誉为南国陶都,中国三大陶都之一,中国陶瓷名镇
江西景德镇	中国八大陶瓷产区之一,千年瓷都,世界手工艺与民间艺术之都,中国三大古瓷都之一,青花、粉彩、玲珑、颜色釉四大名瓷,日用陶瓷生产基地
福建德化	中国八大陶瓷产区之一,中国三大古瓷都之一,世界瓷都,全国重要的陶瓷产区之一,全国最大的西洋工艺瓷生产出口基地,1100多家生产企业,20000多个经销点,80%外销
广东潮州	中国八大陶瓷产区之一,中国瓷都,枫溪区全市陶瓷产业最密集的地区,中国著名的工艺瓷生产出口基地,枫溪区2500多家企业
河北唐山	中国八大陶瓷产区之一,中国古代五大陶都之一,北方瓷都,中国陶博会之都,中国第一件卫生陶瓷诞生地,中国第一件骨质瓷诞生地,陶瓷企业200多家

续表

产区	产业特色、定位
江苏宜兴	中国八大陶瓷产区之一,中国四大名陶产区之一,中国古代五大陶都之一,陶瓷企业500多家,耐火材料企业200多家,主要有日用陶瓷、建筑陶瓷、卫生陶瓷、艺术陶瓷、工业陶瓷、陶瓷原辅料
湖南醴陵	中国八大陶瓷产区之一,中国三大古瓷都之一,中国瓷都,五彩瓷都,陶瓷企业437家,其中,日用陶瓷企业215家、特种陶瓷企业215家,建筑陶瓷企业7家
山东淄博	中国八大陶瓷产区之一,中国古代五大陶都之一,中国建筑陶瓷四大产区之一,北方瓷都,第三代"国瓷"之窑,生产量占全省总产量的54%,陶瓷企业600多家

(二)陶瓷企业品类聚集情况

2023年我国陶瓷行业相关的生产企业超过6000家,其中建筑陶瓷企业1100多家,卫生陶瓷企业800多家,原辅材料、色釉料、窑炉、机械等陶瓷配套企业1000多家,水嘴等五金洁具生产企业1000多家,浴缸及淋浴房生产企业500多家,其他相关配套企业1000多家。

(1)建筑陶瓷企业:建筑陶瓷企业主要集中在广东佛山地区(包括清远、肇庆等地区)、福建晋江、南安、漳州和闽清地区,山东淄博、临沂地区,四川夹江及周边地区,辽宁法库和建平地区,江西高安、丰城地区,广西梧州、岑溪等地区,另外河南鹤壁、南阳、安阳,山西晋城、陕西宝鸡、湖北当阳、云南玉溪等地亦有一定建陶生产规模。广东省不仅是我国也是全球最大的陶瓷砖产区,瓷砖产量约占全国总产量的30%,出口量占全国的34%,福建省陶瓷砖产量和出口量位居全国第二。

(2)卫生陶瓷企业:卫生陶瓷企业主要集中在河北唐山、广东潮州和河南长葛地区。河南省是全国最大的卫生陶瓷产地,产量超过全国总量的30%;广东省卫生陶瓷产量位居全国第二,占全国总产量的30%,出口量位居全国第一,约占出口总量的50%;河北省卫生陶瓷产量位居全国第三,出口量位居全国第二,约占30%的份额。

(3)水嘴、淋浴房等洁具企业:水嘴、淋浴房等洁具企业主要集中在广东开平、鹤山、中山和佛山地区,福建南安、厦门地区,浙江温州、台州、宁波、平湖等地区。

(4)日用陶瓷企业:全国各区域都有日用陶瓷企业,传统产区有佛山、景德镇、淄博等。

(5)艺术陶瓷企业:艺术陶瓷企业主要集中在"五都一市",即宜兴、景德镇、德化、佛山、潮州、深圳,所谓"宜兴独步尚紫砂,景德妙绘誉中华,德化神塑中国白,佛山转型聚精华,潮州出口领潮流,深圳激活瓷文化"。

(6)特种陶瓷企业:特种陶瓷企业主要分布在广东佛山、江西萍乡、江苏宜兴、湖南醴陵、山东淄博等地少数地区,以及广东、上海、陕西等地的科研院所,产业化推广不够。

目前我国陶瓷产业分布如表3-3所示。

表3-3　目前我国陶瓷产业分布一览表

序号	产区	地区	产业集群发展情况	备注
1	广东	佛山	中国最大的陶瓷产业集群和出口基地、会展营销、产业链、服务配套设施最完善,品牌、人才、研发机构集中,以建筑陶瓷、卫生陶瓷为主	"泛佛山陶瓷产业集群"
2		清远	佛山陶瓷转移区,30多家企业,主要产品有建筑陶瓷、卫生陶瓷	
3		河源	佛山陶瓷转移区,以建筑陶瓷为主	
4		肇庆	佛山陶瓷转移区,以建筑陶瓷为主	
5		大埔	佛山陶瓷转移区,196家企业,出口为主,以建筑陶瓷为主	
6		廉江	佛山陶瓷转移区,以建筑陶瓷为主	
7		潮州	中国著名的工艺瓷生产出口基地,潮州枫溪区为全市陶瓷产业最密集的地区,有2500多家陶瓷企业	—
8	江西	景德镇	青花、粉彩、玲珑、颜色釉四大名瓷,日用陶瓷、工艺陶瓷生产基地	历史悠久,千年瓷都
9		宜春(高安、丰城等)	中国建筑陶瓷产业基地、精品陶瓷生产基地	
10		萍乡	工业陶瓷生产基地	
11	山东	淄博(淄川、博山等)	"当代国窑",中国陶琉之都,建陶产量占全省54%,主要产品有日用陶瓷、工艺美术陶瓷、园林陶瓷、高技术陶瓷、高级耐火陶瓷、陶瓷机械、装饰材料等。曾为全国第二大建陶产区,目前产能由12亿件降为2亿件	枣庄、德州、济宁、成海都有部分陶瓷

续表

序号	产区	地区	产业集群发展情况	备注
12	山东	临沂（罗庄区）	山东省第二大建筑陶瓷产区，以内墙砖、地砖为主，全国最大内墙砖生产基地	枣庄、德州、济宁、威海都有部分陶瓷
13	福建	德化	全国最大的西洋工艺瓷生产出口基地，全县有1100多家生产企业，20000多个经销点，陶瓷茶具80%外销	占据海上"一带一路"起点，出口为主
14		晋江	福建陶瓷集中地，建筑陶瓷业为该地支柱产业，以外墙砖为主，大约350家陶瓷企业	
15		闽清	陶瓷企业503家，高低压电瓷企业408家，建筑陶瓷企业95家，中国重要的电瓷生产出口和建筑陶瓷生产基地之一	
16	江苏	宜兴	全市500多家陶瓷企业，耐火材料企业200多家，主要有日用陶瓷、建筑陶瓷、卫生陶瓷、艺术陶瓷、工业陶瓷、陶瓷原辅料	紫砂之都
17	河北	邯郸	中国著名的高档瓷器和民间陶瓷生产基地，主要集中在峰峰矿区，主要产品有象牙瓷、白瓷、青花瓷、陶瓷壁画和美术园林陶瓷等	京津冀环保打压重，产能严重萎缩
18		唐山	中国第一件卫生陶瓷诞生地，中国第一件骨质瓷诞生地，中国第一件地砖诞生地，中国近现代陶瓷机械领航者，日用陶瓷占全省70%，全国14%	
19		高邑	以建筑陶瓷为主	
20	河南	禹州	"中国陶瓷文化之乡"，其钧瓷是宋代五大名窑（汝、官、哥、定、钧）中发展较好的一个瓷种	河南建筑陶瓷品种杂、数量多、质量一般
21		内黄	2009年承接全国陶瓷产业转移浪潮，规划了河南省唯一省级陶瓷产业园区，被授予"中原陶瓷产业基地"的称号，强势崛起	
22		鹤壁	主要引进新中源等广东、福建等地陶瓷及配套企业12家，共签约陶瓷生产线56条，签约总金额50亿元以上	

续表

序号	产区	地区	产业集群发展情况	备注
23	河南	长葛	全国最大的卫生陶瓷生产基地	河南建筑陶瓷品种杂、数量多、质量一般
24	陕西	铜川	立足"一带一路"起点的地理优势和辖区耀州瓷的传统优势,提出打造"一带一路"陶瓷总部,进行了高标准规划	"一带一路"总部优势
25		韩城	近年地方政府高度重视,大手笔规划,制定了"千亿陶瓷产业集群规划"	
26	山西	怀仁	日用陶瓷。中国四大高岭岩产区之一,25家陶瓷企业,占全县总产值35%,洪山村有陶村之称,主要产品有高白瓷、锂瓷、骨质瓷、普通瓷、炻瓷	满足区域市场需要
27		平定	日用陶瓷、艺术陶瓷	
28		介休	工艺陶瓷、泡沫陶瓷	
29	湖南	醴陵	世界釉下五彩瓷原产地、中国"国瓷""红官窑"所在地,已形成完整产业链条,包括日用陶瓷、电瓷、工艺瓷、工业陶瓷、新型陶瓷五大系列	规划千亿陶瓷产业群
30		岳阳、衡阳、长沙	主要自2006年承接广东陶瓷转移兴建,以建筑陶瓷为主,初具规模。其中岳阳有11条生产线	
31	四川	夹江	广东陶瓷第一轮转移区,西部瓷都,陶瓷墙地砖为西部诸省之冠,建筑陶瓷企业123家	西南陶瓷带
32	辽宁	法库	东北三省唯一陶瓷集散地,地砖、内墙砖、日用陶瓷、艺术陶瓷、包装陶瓷、外墙砖、卫生洁具	—
33	广西	北流	中国日用陶瓷四大产区之一,主要产品有日用细瓷、炻瓷、高档瓷三大类,包括中餐具、西餐具、茶具、咖啡具、航空瓷具、酒店瓷具、旅游礼品瓷具、艺术瓷具、微波餐具九大系列	新一轮陶瓷行业投资热土

续表

序号	产区	地区	产业集群发展情况	备注
34	广西	藤县	广东陶瓷产业转移承接区,高起点规划陶瓷工业园,打造"南国陶都"	新一轮陶瓷行业投资热土
35	湖北	宜昌	以建筑陶瓷为主	—
36	浙江	杭州(余杭区)	浙江是古代青瓷的故乡,20世纪80年代建筑陶瓷企业500多家,随着广东建筑陶瓷兴起和温州皮革服装兴起,目前瓷砖衰落。只有"诺贝尔"瓷抛砖一枝独秀	开创瓷抛砖新品类
37	安徽	含山、萧县	分布较分散,以墙地砖及西瓦为主,以宿州市、芜湖市及宣城市最为集中。含山县清溪镇建有2000多亩①的"绿色陶瓷产业园"	—
38	内蒙古	鄂尔多斯、达拉特旗	循环经济发展,利用化工企业废渣、废气、余热生产陶瓷砖,积极承接广东、山东等地陶瓷产业转移,"十三五"期间,计划打造中国中西部瓷都	建筑陶瓷、日用陶瓷
备注	全国目前除北京、海南地区外,其他省区均有陶瓷生产企业分布。据官方统计:全国具有一定规模的陶瓷工业园区有80多个,产业生产基地几乎遍布全国,总产能超过120亿平方米			

① 1亩≈666.67平方米。

第四节 我国陶瓷产业发展概况

一、日用陶瓷产业概况及特征

(一)中国日用陶瓷产业概况

我国日用餐具市场总体平稳,2021年我国日用餐具的总产值约2300亿元,其中陶瓷餐具约600亿元。日用陶瓷总产量已由2011年的301.5亿件增加到2021年的550亿件,占全球总产量60%左右,年均增长率在10%以上。随着全球经济的复苏及消费观念的更新,未来我国日用陶瓷市场需求潜力有望进一步扩大。

日用陶瓷在各省市均有分布,但主产区主要集中在广东、福建、江西、山东、湖南、河北、河南、山西和广西,具体包括江西景德镇、黎川和井冈山,福建德化,山东淄博和临沂,湖南醴陵,广东潮州和大埔,广西北流,河北唐山和邯郸,山西怀仁和应县,河南禹州和汝州等地,如表3-4所示。

表3-4 国内日用陶瓷产业链分布一览表

序号	产业链体系		主要产区	代表企业或机构
1	产品	骨质瓷	唐山、潮州	永丰源、松发、隆达
		高温硬质瓷	景德镇	景陶集团、邑山瓷业
		镁质强化瓷(滑石瓷)	淄博、潮州	华光陶瓷、松发陶瓷
		中温白瓷	德化、潮州、北流	冠福陶瓷、北流三环
		炻瓷	醴陵、高淳	湖南华联、高淳陶瓷
2	原料	高岭土	福建、江西、云南	—
		牛骨粉(骨质瓷原料)	内蒙古、四川	—
		瓷石、滑石、黏土、长石、石英	景德镇、德化、醴陵	视不同的产品品种而定
3	色釉料	熔块釉、色料、金水	佛山、潮州、淄博	湖南科勒颜料(国内最大),淄博福禄(美资),佛山大鸿制釉(台资)、万兴颜料,昆山星谊(台资)等
		花纸	上海、深圳	上海祥和花纸、深圳斯高达、唐山环江花纸
4	陶瓷机械	球磨机、练泥机、搅拌机	淄博、醴陵	湖南五菱集团、淄博宝丰、博山士普、东莞金日
		滚压成型生产线	淄博、唐山	唐山恒瑞自动化、佛山鑫隆机工
		塑压成型生产线	唐山	唐山桑莱斯陶瓷设备
		注浆成型生产线	—	北京中航里程
5	窑炉	辊道窑	黄冈、佛山	湖北华夏窑炉、中窑窑业、科达机电
		隧道窑	黄冈	中博窑炉
		梭式窑	景德镇	江西省陶研所

续表

序号	产业链体系		主要产区	代表企业或机构
6	辅助材料、耐火材料	碳化硅棚板、匣钵	宜兴、淄博、九江	九江和平、宜兴中村窑业
		模具用石膏粉	应城、荆门、平邑	光邦石膏（台资）

（二）日用陶瓷产业发展特征与趋势

1. 集群效应明显

以湖南醴陵、广东潮州、福建德化等为代表的传统日用陶瓷产区发展迅速，各自形成了各具特色的产业集群，山西怀仁、应县等近几年发展起来的日用陶瓷产区的集群效应正在凸显，如表3-5所示。

表3-5 国内主要日用陶瓷产区产值一览表

序号	产区	2021年工业总产值	备注
1	江西景德镇	521.4亿元	其中，日用陶瓷165.5亿元，艺术陈设瓷185.3亿元，文化创意陶瓷112.6亿元，高技术陶瓷40亿元，建筑卫生陶瓷18亿元
2	广东潮州	规上陶瓷企业工业总产值322.5亿元，陶瓷工业总产值超500亿元	全市规上工业总产值比重为23%，涵盖日用、艺术、卫生、高技术四大门类
3	福建德化	459亿元	地区陶瓷生产总值327.48亿元
4	湖南醴陵	约460亿元	陶瓷产业集群产值约740亿元，从业人员近20万人，产品涵盖日用陶瓷、工业陶瓷、艺术陶瓷等多个系列
5	江苏宜兴	约171亿元	陶瓷耐火材料产值113.2亿元，出口10.8亿元

2. 产业整合的速度加快

随着海内外市场对陶瓷产品的质量要求越来越高，以及国内制造业的成本上涨，过去不注重产品品质，仅依靠低成本获取利润的陶瓷厂商面临淘汰。部分企业已利用自身的技术、品牌、管理、资金和规模优势等，对其他中小企业进行兼并重组，陶瓷行业内企业的整合速度正在加快。

3. 行业装备向智能化、自动化、节能化方向发展

近年来，随着科学技术突飞猛进，日用陶瓷行业的生产技术也发展迅速，一些传统落后的设备和复杂的生产工艺正在被淘汰,取而代之的是等静压成型、自动修坯等智能化、自动化的先进设备和工艺,连接紧凑的设备和生产线。陶瓷行业是典型的劳动密集型行业,随着经济的发展和劳力成本不断上涨,通过提高生产过程的智能化、自动化,从而提高日用陶瓷业的生产效率,成为日用陶瓷行业未来的发展趋势。

4. 消费者迭代加速行业格局重新洗牌

我国年轻的中高端消费群体在快速增长,中高端市场扩大,中低端市场收缩。"85后"和"90后"逐渐成为消费的主导群体,他们对产品的需求与上一代不同。其追求的是品质、品位、个性化和极简风格,可见消费群体变化会极大地改变陶瓷企业未来的销售渠道。

5. 高档化、艺术化、多元化和个性化趋势越加明显

全球陶瓷市场发生了一系列明显变化,质量好、功能全、花色多、造型新颖的产品越来越受到消费者青睐,具有收藏、馈赠等功能的个性化产品越来越受到人们的喜爱和欢迎,高档精品日用陶瓷拥有更大的市场空间。

6. 彩瓷、色釉炻器前景良好

彩瓷具有深厚的文化底蕴以及欣赏、装饰、收藏的价值。随着对传统文化的倡导和人们对艺术鉴赏需求的提升,彩瓷将迎来良好的发展机遇;色釉炻器为日用陶瓷细分产品,具有时尚个性、环保健康、经济实用的特点,日益受到年轻消费群体的关注和青睐。对比分析国外日用陶瓷市场的历史、现状和发展趋势,随着生活水平的不断提高,我国目前日用陶瓷市场已经越过了追求实惠消费的阶段,呈现出时尚文化消费和绿色环保消费的趋势,未来对色釉炻器的需求将进一步增加。

7. 陶瓷茶器、花器、香器市场仍有较大增长空间

茶器市场经过多年发展已趋于平稳,柴烧概念产品已开始降温,但市场对单品综合需求正在提高。陶瓷花器市场增长迅速,将迎来升级换代期,将融入文化,且更加注重与家装完美结合。陶瓷香器市场生产量和销售量有一个新增长,注重功能与审美结合。

8. 陶瓷陈设装饰品会迎来一个新的发展期

受房地产市场由刚性需求向改善性需求转变,受轻装修、重装饰思潮的影响,陶瓷陈设装饰品从陶瓷艺术品市场脱离出来,成为"买得起的"陶瓷艺术品。

9. 陶瓷酒瓶和茶叶罐等包装陶瓷市场仍会保持现有发展势头

随着文化创意产业的兴起,中产阶层热衷于文化消费,陶瓷包材的文化属性

被广泛认同,陶瓷酒瓶、酒缸,以及陶瓷茶叶罐、储粮罐等陶瓷包材市场规模将继续扩大。

二、建筑陶瓷产业发展概况

1993—2023年全国建筑陶瓷产量变化情况如图3-1所示。经过30年的发展,当前我国建陶产业经历了孕育期、高速成长期、成熟期,已进入衰退期。

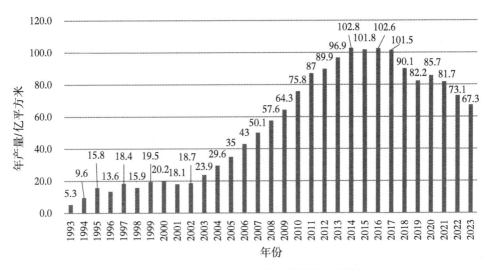

图3-1　1993—2023年全国建筑陶瓷产量图

1993—2002年我国建陶产业缓慢增长;中国加入世界贸易组织之后,在城镇化加速、装修装饰需求发展的推动下,2003—2011年我国建筑陶瓷产业实现了快速扩张;2012—2014年建筑陶瓷产量进入个位数增长阶段,2014年产量达到峰值102.8亿平方米;2015—2017年行业需求保持相对稳定;2018年受经济下行、房地产调控等多因素影响,建筑陶瓷年产量仅90.1亿平方米,同比下滑11.2%,大幅回落至2012年的水平,创下了行业有史以来产量的最大跌幅;2020年随着房屋竣工数据的好转,我国建筑陶瓷产量达到85.7亿平方米,同比增长约4.3%;2021年销售低迷,建筑陶瓷产量为81.7亿平方米,同比下降约4.7%;2023年我国建陶的产销量持续下滑。

据中国建筑卫生陶瓷协会数据显示,2021年全国规模以上建筑陶瓷企业数量为1048家,较2020年减少45家,同比下降约4.1%。2021年以来广东、福建、江西、山东、河北、陕西、辽宁等产区彻底退出的陶瓷砖生产线已超过200条。2022年江西超过20多家陶瓷厂50多条生产线转产锂电池。

根据1993—2023年我国建陶产量的变化曲线,当前瓷砖行业产能过剩、产量过剩、需求下降、销量下滑,发展形势空前严峻,依此判断,我国瓷砖行业发展整体步入衰退期。

三、高技术陶瓷产业发展概况及趋势

高技术陶瓷又称先进陶瓷,其是采用高纯、超细、人工合成的化工原料,通过精密工艺制备,具有耐温、耐蚀、耐磨,集声、光、热、电、磁中一种或几种特性的无机非金属材料制品。先进陶瓷又分为结构陶瓷和功能陶瓷。结构陶瓷是一种先进的高科技陶瓷产品,这类陶瓷具有在高温下强度高、硬度大、抗氧化、耐腐蚀、耐磨损、耐烧蚀等优点,是空间技术、军事技术、原子能技术,以及化工设备等领域中的重要材料;功能陶瓷是指在应用时主要利用其非力学性能的材料,这类材料通常具有一种或多种功能,如电、磁、光、热、化学、生物等;有的还有耦合功能,如压电、压磁、热电、电光、声光、磁光等。随着材料科学的迅速发展,功能陶瓷材料的各种新性能、新应用不断被人们所认识,并积极加以开发。

(一)全球高技术陶瓷产业发展概况

伴随对高技术陶瓷各种功能的不断发掘,其在微电子工业、通信产业、自动化控制和未来智能化技术等方面作为支撑材料的地位日益显著,市场容量也进一步扩大。2021年全球高技术陶瓷市场规模为1050亿美元,预计在多个终端行业需求量增长带动下,到2025年,全球高技术陶瓷市场规模将达到1467亿美元,年增长率约9%。

目前,国外高技术陶瓷发展处于领先地位的主要有:美国、日本、俄罗斯以及欧盟等地区。其中,美国高技术陶瓷在航空航天、核能等领域的应用处于领先地位;日本在高技术陶瓷材料的产业化、民用领域等方面占据领先地位,并占有世界高技术陶瓷约一半的市场份额;欧盟在高技术陶瓷部分细分应用领域和机械装备领域处于领先地位;俄罗斯、乌克兰在结构陶瓷和陶瓷基复合材料方面实力雄厚。

(二)我国高技术陶瓷产业发展概况

目前,我国在某些尖端高技术陶瓷的理论研究和实验水平已经达到国际先进水平,在精密小尺寸产品、大尺寸陶瓷器件的成型、烧结技术、低成本规模化制备技术,陶瓷加工系统等领域不断打破国外垄断和技术封锁。2020年我国先进陶瓷产业产值接近800亿元,约占全球先进陶瓷市场的12%,产业主要集中在广东、江苏、山东、湖南、河南、河北、江西等省。其中,高技术陶瓷产业聚集区有:山东淄博、江苏宜兴、浙江宁波、江西萍乡、广东佛山等,国内发展较好的高技术陶瓷企业分布如表3-6所示。

表3-6 国内高技术陶瓷产业主要分布区域表

序号	省份	地市	领先业务领域	代表企业
1	广东	深圳、佛山、潮州等地	片式电容、片式电感、片式电阻、光通信陶瓷插芯、手机陶瓷背板、5G微波介质陶瓷、精密陶瓷零件等	潮州三环、风华高科、顺络电子等
2	江苏	宜兴、苏州、常州等地	精密纺织用瓷、化工用瓷、汽车尾气净化蜂窝陶瓷以及陶瓷轴承、陶瓷滤波器等	久吾高科、王子制陶、非金属化机等
3	山东	淄博、潍坊、东营等地	环保陶瓷、耐磨陶瓷内衬、陶瓷缸套和球阀、透波石英陶瓷、氮化硅陶瓷、碳化硅陶瓷等	国瓷材料、中材高新、硅苑科技
4	湖南	娄底、新化等地	氧化铝精密瓷件主要产地,涵盖温控器、电光源、水滑片、新能源汽车用继电器外壳等产品	安地亚斯、美程科技、鑫星电陶等
5	河南	郑州及周边	氧化铝陶瓷重要产地	中铝郑研院、维纳科技等
6	河北	唐山等地	氧化铝陶瓷管、高温炉件等产品重要产地	科硕特陶等
7	江西	景德镇、萍乡等地	氧化铝真空管壳、新能源汽车绝缘瓷件、压电陶瓷、化工填料、高压电瓷、耐磨陶瓷、环保过滤陶瓷膜等产品	兴勤电子、日盛电子、景华特陶、景龙特陶、江丰电子、萍乡龙发等

(三)高技术陶瓷发展趋势

1. 多学科交叉及多部门参与不断加强

随着高技术陶瓷与信息、能源、医疗卫生、交通、建筑等产业的结合越来越紧密,其研究开发与其他学科交叉的领域和规模也在不断扩大,如生物学、医学、电子学、光学等,学科交叉发展将对高技术陶瓷产业超前发展发挥举足轻重的作用。与此同时,由于材料的基础性,其科技开发跨越多个相关部门,各国都致力于把材料发展纳入产、学、研、官一体化平台,以满足材料开发对各部门提出的不同要求。随着高技术陶瓷材料应用领域地不断扩展深入,这种多部门参与的趋势将更加显著。

2. 由军事需求驱动向经济需求驱动转变

21世纪新材料发展的驱动力与20世纪有着根本性区别。在20世纪,国防和战争的需要、核能的利用和航空航天技术的发展是材料发展的主要驱动力。而在21世纪,信息技术、卫生健康、经济可持续发展已成为新材料发展的根本动力,经济全球化更加注重材料的经济性、知识产权价值和其商业战略的关系,以及新材料在绿色制造、绿色消费方面的作用。未来新材料将在很大程度上围绕如何提高人类的生活质量而开展研究。例如,陶瓷涂层在军事上的应用逐渐下降,而工具镶块、耐磨部件在其他工业的应用日趋广泛,使陶瓷涂层销售总量上升;催化剂陶瓷载体、陶瓷过滤器和陶瓷膜等应用随着环境保护日益严格也日益广泛;在结构陶瓷领域,陶瓷刀具、耐磨部件、生物陶瓷、陶瓷保护外壳和半导体陶瓷等发展也十分迅速。

3. 与上下游产业进一步融合

伴随元器件微型化的趋势,新材料技术与器件的一体化趋势日趋明显,新材料产业与上下游产业相互合作,融合更加紧密,产业结构呈现垂直扩散趋势。这种趋势减少了材料产业化的中间环节,加快了研究成果转化,降低了研发成本和市场风险。与此同时,随着高技术的发展,新材料与基础材料产业结合也日益紧密,产业结构呈现横向扩散的特点,基础材料产业正向新材料产业拓展,如钢铁、有色金属,他们已经积累了大规模生产能力、生产技术和充足资金。

4. 人才和知识产权的作用越来越重要

高技术陶瓷的材料、组成、结构设计、制备和生产都是精心设计的,具有众多独特性能,企业需要具有较高的技术水平和研发能力,来提高新技术、新材料和新工艺的应用水平。为适应差异化产品的需求,满足高端产品安全性能要求和质量标准,企业需投入更多先进的生产、检测设备。

第四章　佛山陶瓷产业集群的演化

第一节　佛山陶瓷产业的发展历程

一、中华人民共和国成立前的佛山陶瓷

1977年，佛山石湾河宕贝丘遗址出土的大量几何印纹陶片，经碳十四测定距今约五千年历史。这说明新石器时代晚期的石湾就开始了制陶；石湾出现大型窑场的历史可上溯唐代，且从唐宋开始就远销东南亚以至世界各地，石湾的产品沿着"海上丝绸之路"，经香港，绕海南，抵越南、泰国等东南亚诸国。

明代嘉靖年间，"石湾之陶遍两广，旁及海外之国"。此时出现了产品专业化分工，产生了行会组织。明代天启年间石湾制陶业行已"初分八行"，为日用陶器的大盆、边钵（饭煲）、黑釉、白釉、埕、塔、钵等。

"清代石湾陶业全盛时代，共有陶窑一百零七座，容纳男女工人六万有奇。"（《石湾陶业考》）制陶行业从明代天启年间的八行增至二十八行，还有服务陶业的行会八个。各行业店号超五百家，大小陶坊三千余所。

民国时，石湾陶业依然保持强劲的势头，首先是拥有股份制的广东陶业公司广纳陈渭岩、潘玉书等精英，率先以石膏印模注浆成型部分代替传统的拉坯、印坯；上利亚工场则成功试制生产耐酸陶器电瓷等新产品。但是随着日军入侵中国，生灵涂炭，产业一蹶不振。直到中华人民共和国成立之后，石湾陶瓷业采取各种有效措施，克服各种困难，才从低谷中得到恢复和发展。

二、中华人民共和国成立初的自我探索期

（一）石湾建筑陶瓷厂

1957年7月1日石湾建筑陶瓷厂（简称石湾建陶厂）成立，该厂成立之初主要

生产琉璃瓦、园林花盆、陶管和陶质洁具,是石湾唯一的生产建筑卫生陶瓷的企业。1957年年底该厂开始生产陶质的卫生陶瓷,成为广东省首家生产卫生陶瓷的企业。初时是采用手工泥板印制的方法成型,产品较粗糙。1958年该厂开始应用注浆成型的新工艺,产量才大幅提高,产品外形比之前的光滑美观。

1961年,石湾建筑陶瓷厂在中南五省区(河南、湖北、湖南、广东、广西)中率先试制出陶瓷锦砖,翌年小批量生产并试销出口,1965年正式大批量生产。

(二)石湾建国陶瓷厂

1974年1月1日在原陶二社的基础上组建了石湾建国陶瓷厂(简称建国厂),陶二社于1964年试烧100 cm×100 cm小规格的白色陶质釉面砖(俗称:瓷片)取得初步成功,并在1966年投入批量生产。建国厂成立初期以生产酒坛、糖缸等日用陶器和小规格瓷片(釉面砖)为主。为满足市场对建筑陶瓷的巨大需求,建国厂在1976年全面转产釉面砖(1979年注册为"钻石牌"),成为广东第一间专门生产陶瓷釉面砖的厂家,填补了广东的空白。

(三)石湾建华陶瓷厂

原来以生产糖缸等精陶为主的石湾建华陶瓷厂于1975年开始试制卫生陶瓷,1983年全面投产,打破了石湾卫生洁具单靠石湾建陶厂一家生产、销售的局面。

至此,石湾"三建"(即建陶厂、建国厂、建华厂)全部登场,石湾"三建"是石湾建筑卫生陶瓷的奠基石,也是佛山建陶产业发展的源头。红地砖、陶瓷锦砖、釉面砖三大类建筑陶瓷墙地砖和卫生洁具的开发、生产,标志着石湾的建筑卫生陶瓷产业的种子在南国陶都开始萌发。

在1957—1966年全面建设社会主义时期,陶瓷产品结构从原来四大类逐步发展成为日用陶瓷、美术陶瓷、工业陶瓷、化工陶瓷、建筑陶瓷、卫生陶瓷、园林琉璃陶瓷七大类,工业产值从1957年794.95万元发展到1965年的1663.17万元,增长了1倍多。石湾陶瓷从此由一个较为落后的传统陶瓷产区,跻身当年中国八大陶瓷产区之一,其他产区有江西景德镇、河北唐山、山东淄博、江苏宜兴、湖南醴陵、广东枫溪、福建德化。

三、现代化发展期

佛山建陶的现代化发展期从产品技术成长来看,大体可分为以下四个阶段。

(一)引进、模仿阶段(1984—1994年)

1983—1989年,佛陶集团先后从日本、意大利、德国引进了彩釉砖、釉面砖、陶瓷锦砖、琉璃瓦、无釉地砖、卫生洁具、花岗岩陶瓷(广场砖)、彩釉锦砖、瓷质耐磨砖、西式琉璃瓦、劈开砖等建筑卫生陶瓷生产线,和白炻瓷、砂锅、高档耐火材料等生产线,共计24个项目,全面提高了佛山陶瓷的装备技术水平和产品质量。这一阶段,佛山建陶行业科研人员在粗放的生产手段和产品研发的条件下,围绕国外新兴建陶产品,以模仿、学习为主,开发新花色,构建起丰富的产品体系,满足了供不应求的市场需要,但拥有核心技术的自主创新产品不多。

1984年5月,石湾利华装饰砖厂引进的自动生产线投入使用,按照第一批出口订单的供货要求生产出100 mm×200 mm规格的棕红色彩釉砖。这是真正意义上的现代化瓷砖。之后,砖厂还生产了红色、绿色、黄色等各种不同色彩的瓷砖,以及200 mm×200 mm规格的瓷砖。业内把1979—1992年"水晶砖"出现前的彩釉墙地砖都称为"第一代彩釉砖"。

1992年,石湾耐酸厂科研人员从意大利考察后,首先仿效推出了400 mm×400 mm、500 mm×500 mm二次烧成红坯彩釉砖(又名"水晶砖")。"水晶砖"采用淋釉工艺,丝网印花,低温素烧、高温釉烧,吸水率为6%—10%,以木纹、石纹、云彩图案为主,业界将其称为"第二代彩釉砖"。

1995年,因应市场对白坯砖的需要以及600 mm×600 mm大规格瓷砖的出现,生产厂家研制出白坯原料配方,用瓷沙取代了红泥原料,提高坯体强度,并全部采用了磨边工艺。高档的白坯水晶砖成为市场最流行产品,高峰时大部分佛山陶企都有水晶砖生产线,从而取代了彩釉砖产品。

(二)改进、换代阶段(1995—2000年)

1995年后,佛山建陶行业的引进高潮回落。石南大桥通车后,南庄和石湾区、镇的集体、民营陶企蓬勃发展,专业化配套也逐渐形成,这极大地满足了新产品开发的需要。这一阶段,产品开始更新换代,新增了渗花抛光砖、水晶砖、仿古砖等品类,产品尺寸最大达800 mm×800 mm。彩釉砖、红坯釉面砖逐渐被淘汰。

(三)壮大、提高阶段(2001—2008年)

这一阶段,陶机装备基本实现了国产化,佛山民营陶企为行业主角,新产品的开发水平跃上新台阶。

一是新品推出节奏快、市场周期短。超白砖、大颗粒、金花米黄、雨花石、梦幻砖、正打微粉、反打微粉、线条微粉、微粉加聚晶等抛光砖纷纷问世。曾一度热销的"水晶砖"退出市场。传统产品外墙砖,产能急剧下降。瓷质仿古砖成为行业亮点,木纹石、石纹砖、布纹砖、皮革砖、金属釉等相继推出。

二是推出的全新瓷砖种类多,如新增微晶复合砖、全抛釉、陶瓷薄板新种类,构建起佛山建筑陶瓷丰富多样的产品阵容。

三是产品设计水平和档次显著提升,装饰性强。如由地砖、墙砖、腰线及花片配套的产品系列——"地爬墙"成为釉面砖开发、设计的主流,更强调装饰空间的文化内涵、外观效果、应用风格的整体配套。

(四)创新、飞跃阶段(2009年至今)

佛山建陶行业经历了"腾笼换鸟"的阵痛后,进入了一个创新飞跃的发展阶段。

一是传统瓷砖从模仿、改良进入自主创新、产品设计的时代,应用喷墨打印技术的产品涵盖瓷片、微晶石、全抛釉、仿古砖等所有领域,在抛光砖、仿古砖领域有不少技术含量更高的新产品,如喷墨渗花抛光砖。

二是新品类的全抛釉集体井喷式发展,市场上大行其道。

三是陶瓷薄板、陶瓷岩板随之问世,瓷砖的传统观念被颠覆,产品应用、销售渠道的边界不断拓宽。

四是发热、防滑、抗菌、负离子等功能性瓷砖的开发有了实质性进步。

五是注重绿色环保产品的研发,利用陶瓷或其他固体废物生产环保陶瓷砖,如发泡陶瓷砖取得重要突破。

六是从单纯的产品设计到提供空间应用解决方案。新产品开发时,不仅要考虑产品的创新性,更要用美学观念进行产品空间应用的设计,完善配套性产品,满足铺贴施工的需要,达到装饰效果。

第二节 佛山实施"腾笼换鸟"计划的背景

陶瓷行业成长为佛山的三大传统制造业之一,然而随着时代发展,陶瓷行业高能耗、高污染、高排放等问题日益凸显,为了有效推动陶瓷行业的转型升级,佛山市政府自2006年起实施产业"双转移"战略,通过"腾笼换鸟",引导劳动密集型企业梯度转移,为转入地发展注入强大动力,为佛山发展新兴产业腾出了更广阔的空间。2008年4月,佛山市政府连续出台《佛山市陶瓷产业结构调整评价指导方案》(佛府办〔2008〕119号)、《佛山市陶瓷产业扶优扶强若干政策措施》(佛府办〔2008〕120号)、《佛山市陶瓷产业发展规划(2008—2015)》(佛府办〔2008〕121号)

三个文件,以优化陶瓷产业结构、促进陶瓷产业转型和升级为目标,以产业配套体系升级、产业科技创新升级和综合效益升级为重点,加快陶瓷产业自主创新能力的提升,进一步延伸陶瓷产业价值链,实现价值链由中低端向高端攀升,全面推进佛山市陶瓷产业向创新驱动转变、一般加工向高端制造转变、产品竞争向品牌竞争转变。将以低成本要素驱动为主的增长逐步转变为以创新驱动为主的增长,按照先进制造业的要求改造传统的陶瓷产业,使佛山陶瓷成为全球有竞争力、有影响力的产业集群。

一、传统产业结构面临瓶颈

佛山一直以来都是工业强市,以陶瓷、家电、金属等传统制造业为主,仍然处于第二产业发达而第三产业发展缓慢的传统产业结构格局。以2006年的数据为例,佛山第二产业占GDP的比重达到62.9%,明显高于全国、广东省以及周边发达城市的水平;而与之相对应的则是佛山第三产业占GDP的比重只有34.5%,明显低于全国、广东省以及周边发达城市的水平。

二、传统产业面临转型与升级的压力

随着"广佛一体化"推进和构建广东省"第三大城市"目标的提出,在"整体协调、错位发展,优势互补、资源整合"的前提下,佛山市作为泛珠三角都市圈副中心城市,制造业欲领跑广东,佛山市在2006年实施"双转移"战略时提出力争到2015年工业总产值达到3万亿元,成为广东省最大的制造业城市,在土地资源有限、传统产业优势减弱的情况下,发展高附加值产业是佛山的必经之路。陶瓷业作为佛山市较为成熟的产业集群之一,同样面临着转型与升级的压力,传统的陶瓷产业集群升级为创新型产业集群是市场发展的要求。

三、佛山已进入后工业化阶段

2006年左右佛山社会经济发展特征,与工业化后期或者后工业化初期阶段发展的特征基本相吻合,这些特征主要表现在转变经济发展方式和构建现代产业体系上,转变经济发展方式是构建现代产业体系的核心,主题就是结构调整、自主创新。在构建现代产业体系的过程中,信息化与工业化、城市化、国际化的融合进程也在不断加快,形成了智能化的产业城市与国际化进程的有效结合。

第三节　佛山实施"双转移"战略时陶瓷行业状况

一、2006年佛山陶瓷产业的国内外地位

1. 形成了全国乃至全球最大的陶瓷生产基地

佛山有陶瓷生产线1000多条,建筑陶瓷年生产能力达16亿平方米,卫生陶瓷年生产能力达1300万件(套),分别约占全省的90%和20%、全国的40%和16%、全球的25%和5%;陶瓷机械约占全国的80%,陶瓷色釉料生产约占全国的50%,成为我国乃至全球最大的陶瓷生产基地。

2. 形成了我国乃至全球最大的陶瓷商品集散及会展中心

2006年佛山已经形成了青柯、置地、华艺、沙岗、河宕五大陶瓷专业批发市场,中国陶瓷城和华夏陶瓷博览城两大陶瓷展示和会展中心,江湾路和南庄大道两大陶瓷专业街,年销售额超过100亿元。各大陶瓷企业基本上都设有自己的展厅。如此庞大的陶瓷商品集散中心,是国内外其他地区所无法比拟的。同时,佛山也是全国最大的陶瓷会展中心。拥有佛山国际会议展览中心(华夏陶瓷博览城)和中国陶瓷城两大会展场馆,每年举办十多场次的大规模的陶瓷会展。

3. 形成了一批龙头企业和著名品牌

2006年,佛山陶瓷产业拥有年产值超亿元的企业78家,占全市的13.7%。涌现出佛陶、鹰牌、东鹏、新中源、新明珠、蒙娜丽莎、欧神诺、嘉俊、能强和金舵等一大批龙头企业。同时,培育出一大批著名的企业品牌。截至2006年佛山陶瓷拥有"中国驰名商标"2件(东鹏、新中源),占全市的20%;"中国名牌产品"7个,占全市的17.5%,占全国同行的58%;"中国陶瓷行业名牌产品"28个,占全国的41%;"国家免检产品"26个,占全市的23.6%;"广东省著名商标"18个,占全市的15.3%;"广东省名牌产品"26个,占全市的19%。

4. 形成了著名的区域品牌和陶瓷文化

五千多年延绵不断的制陶历史,为佛山陶瓷积淀了深厚的历史文化底蕴;佛山先后被科技部认定为"国家建筑卫生陶瓷特色产业基地"、国家有关协会授予"中国陶瓷名都"的荣誉称号。佛山陶瓷的核心区——禅城区也先后被国家有关协会确定为"中国建筑陶瓷进出口基地",被省政府认定为首批"广东省产业集群升级示范区"。"佛山陶瓷"已成为让世界认识佛山,让佛山走向世界的重要名片,也是弘扬佛山历史文化和宣传城市形象的重要媒介。

5. 陶瓷技术装备和工艺水平全国领先

佛山陶瓷技术创新体系较为完善。2006年佛山市各级陶瓷企业技术中心3个,占全市的14.3%,其中广东佛陶集团股份有限公司技术中心是当年我国陶瓷行业唯一的国家级技术中心;企业工程技术研究开发中心14个,占全市的6.3%;高新技术企业9个,占全市的3.8%;民营科技企业45个,占全市的5.7%。由南庄镇政府与景德镇陶瓷大学合作的佛山市华夏建筑陶瓷研究开发中心,是当年我国唯一的国家级建筑陶瓷研发中心,以其为依托还建立了国家建筑卫生陶瓷生产力促进中心、国家日用及建筑陶瓷工程技术研究中心建筑卫生陶瓷分中心等公共创新平台。产品质量监督及检测体系较为完备,拥有国家陶瓷产品质量监督检验中心、国家级建筑卫生陶瓷检测重点实验室、国家日用陶瓷技术监督及检测中心佛山工作站、英国陶瓷研究协会华夏陶瓷检测中心等陶瓷产品质量监督及检测机构。

6. 当年佛山为我国最大的建筑卫生陶瓷出口基地

2000年以前,佛山陶瓷出口量较少。从2000年开始,佛山陶瓷出口迅猛增长,每年出口增长速度均超过50%,成为佛山外贸出口新的增长点。据有关部门提供的数据,2002年出口2.0亿美元,增长90.7%;2003年出口3.3亿美元,增长62.6%;2004年出口5.3亿美元,增长62.4%。

7. 形成了较为成熟的产业集群和产业链条

随着佛山陶瓷产业的不断发展壮大,相关的配套产业也迅速发展起来,形成了专业化分工、产业化协作、集群化发展的格局。至2006年,佛山共有陶瓷机械、陶瓷原材料、陶瓷配件、陶瓷包装、耐火材料、模具等专业生产厂家,以及科研院所、专业媒体、广告公司、物流公司、行业会展、中介组织等相关配套企业1000多家,形成了强大的产业配套体系和能力。

8. 造就了一支陶瓷产业人才队伍

由于产业的集聚效应,各类陶瓷管理人才、研发人才、营销人才、策划人才、技术工人和熟练工人齐集佛山。2006年佛山陶瓷产业从业人员达10万人之多,约占全市工业从业人员的10%,为佛山陶瓷产业发展提供了强有力的人才保障和智力支持。

二、2006年佛山陶瓷生产企业状况

1. 产品售价在国内处于领先水平,与国际先进水平相比仍有差距

据调查,佛山陶瓷的平均出厂价为20—30元/平方米,少数企业为60—80元/

平方米,是国内其他产区均价的一倍以上,但与意大利建筑陶相比仍有较大差距。

2. 污染问题仍然严重,陶瓷企业面临环保投入不足

大部分陶瓷生产企业的环保投入占总产值的比重在1%以下,但生产性固体废弃物基本得到回收利用,利用率大部分在80%以上。

3. 自主创新能力不足

众多企业科研投入不足,核心竞争力不强,产品和技术的同质化非常严重,佛山陶瓷当时依然走经验型、引入型、模仿型的老路,R&D投入强度远低于创新型企业的要求。

4. 人员素质普遍不高

大专以上学历人员占总人数的比率10%以下,极少数企业能达到30%。

5. 单个企业实力有限(国际影响力不足)

当年佛山陶瓷企业数量众多,但单个企业实力不大,佛山最大的建陶企业年产值也不超过100亿元,年产值超过30亿元的企业不超过5家,与产值数百亿的国际陶瓷巨头相比,规模偏小。

6. 品牌意识较强

当年仅南庄镇就拥有中国驰名商标10个,中国名牌产品3个,广东省著名商标25个,广东省名牌19个。

第四节　佛山陶瓷"腾笼换鸟"计划中的总体规划

2006年佛山为了推动陶瓷产业的转型升级,完成"腾笼换鸟"计划,进行了如下的总体规划部署。

一、规划原则和总体部署

(一) 规划原则

1. 坚持企业主体、政府引导原则

企业是产业集群发展的主体,产业的选择与发展需要尊重市场经济规律,以市场调节为主。佛山在"腾笼换鸟"计划后,要打造创新型产业集群,此过程政府应明确权力的边界,把着力点放在改善外部环境和提供公共服务上。政府应通过制定科学、合理的规划,在产业发展的方向上给予引领,提供市场无法实现的公共

服务;通过产业政策和资源配置,通过搭建公共服务平台,引导企业加大创新投入,提升陶瓷产业的竞争力。

2.坚持存量优化、增量带动原则

加快信息化与工业化融合,加强标准引领、品牌带动、管理创新,提升陶瓷行业综合竞争能力;坚持开放拉动、增量推动,注重龙头项目、关键项目的推动,突出高新技术产业的拉动作用。

3.坚持区别对待、分类指导原则

遵循陶瓷产业不同行业发展和提升路径的内在规律,进一步提高工作的针对性和有效性,按照各自的内容和要求加大提升力度,促使其向现代产业集群转型发展。

4.坚持创新驱动、持续发展原则

以市场为主导、企业为主体,加大科技创新和研发投入,构建产学研相结合的科技创新体系。围绕企业自主创新能力和产业核心竞争力的增强,引导并支持企业开展机制与体制创新。大力发展循环经济,建设资源节约和环境友好型产业,积极推进清洁生产、淘汰落后、节能减排工作,在节约利用资源中求发展,在保护生态环境中谋崛起,实现经济和社会的可持续发展。

(二)总体部署

经过提升发展,努力形成佛山陶瓷产业集群的六大竞争优势,即龙头企业带动作用明显的集聚优势、配套协作紧密的产业链优势、持续创新的技术领先优势、公共服务平台的支撑优势、资源共享的市场网络优势、节能减排的生态优势,产业集群的综合实力和国际竞争力显著增强,成为推动佛山市区域经济发展的主导力量。

二、规划目标

(一)总体目标

利用国家创新型城市建设试点机会,以科学发展观为指导,以优化产业结构和转变经济发展方式、加强循环经济体系建设为主线,以创新和市场为动力,以信息化和智能化融合互动发展为手段,以政府统筹协调为主导,以企业为主体,全面构建技术先进、优势突出、结构合理、竞争力强的与国家创新型城市相适应的先进产业集群发展体系。

(二)发展目标

1. 总量目标

到2015年,陶瓷产业总产值达到1000亿元,年均增长10%;工业增加值达到300亿元,年均增长10%。

2. 效益目标

到2015年,陶瓷行业利税总额达到120亿元,年均增加12%;万元增加值能耗比2010年末下降20%。

3. 结构目标

到2015年,陶瓷产业结构显著优化,产业核心竞争力全面提升,陶瓷产业总产值达到1000亿元,其中建筑卫生陶瓷约为700亿元,特种陶瓷、工艺美术陶瓷、日用陶瓷等约为100亿元,陶瓷装备、化工色釉料、文化产业及服务业约为200亿元。

三、产业发展的重点领域

(一)采矿加工业与原辅材料加工业

采矿加工业和原辅材料加工业是陶瓷产业的重要基础产业,主要包括钾、钠长石粉加工,色釉料制造以及添加剂制造等行业。佛山陶瓷产业转型升级,实现由低成本要素驱动为主转变为创新驱动为主,离不开采矿加工业和原辅材料加工业的科技创新与协作。

大力推行陶瓷企业清洁生产和循环利用。鼓励企业和研发机构开展新型陶瓷粉体的开发和产业化,加快原材料标准化步伐。全市规划建设和扶持发展若干个陶瓷废物处理中心,将陶瓷废物加工成可再利用的产品或者作无害化处理(有条件的企业可自行处理),从源头减少陶瓷废物的产生。推广低品位原料的综合利用技术,鼓励使用低质原料和工业废弃物等生产陶瓷产品。采矿加工和原辅材料生产企业100%通过ISO14001环境管理体系认证,当地政府可给予适当奖励。

鼓励陶瓷企业开发绿色环保、附加值高的新材料、新产品,拓展陶瓷功能和应用范围。鼓励陶瓷企业开发具有如不含铅镉的三度烧环保等色料,以及防滑、防污、抗菌等系列釉料;积极开发水性墨水喷墨色料,替代进口。

(二)陶瓷制造与加工业

1. 加强战略筹划

以政府为主导、龙头骨干企业为主体,联合科研院校、行业协会等力量,以国际化视野,从全球产业链、价值链、供应链和资本链整合提升的高度,从工业化、城市化、市场化、信息化互动的角度把握产业融合的发展趋势,对陶瓷产业转型升级工作进行整体谋划、科学规划,促进创新资源在集群内聚集。

2. 培育龙头骨干企业

促进陶瓷企业向产业价值链的高端拓展,提高产品的附加值,积极培育陶瓷主导产业中关联度大、主业突出、创新能力强、带动性强的龙头企业,发挥其在产业辐射、技术示范和销售网络方面的引领作用。引导行业龙头骨干企业通过联合、并购和品牌经营、虚拟经营等现代方式整合中小企业,提高产业集中度。鼓励行业龙头骨干企业实施国际化战略,支持其在海外设立研发设计基地和营销网络,积极开辟新的发展空间。引导行业龙头骨干企业加强战略规划和管理创新,不断提升竞争优势。

3. 加强专业化配套协作

鼓励引导行业龙头骨干企业在做强核心业务的同时,加快剥离专业性强的配套业务,发展专业化配套企业,提高企业间配套协作水平,形成一批专业化优势显著、竞争能力强的"小型巨人"企业,构建完善产业集群分工协作体系。大力发展生产性服务业。鼓励行业龙头骨干企业在研究开发、仓储物流、市场营销、后勤保障等非制造环节,在满足本企业生产经营所需的同时,为其他企业提供社会化服务。重视发挥中小企业在块状经济中的基础作用,加大政策扶持力度,促进中小企业加速成长。重点推动处于产业链和价值链低端环节的加工型、劳动密集型、贴牌生产型中小企业发展零部件专业化生产。

4. 强化项目带动

促进陶瓷产业的数字化、信息化、智能化。加快陶瓷喷墨打印技术中喷头、墨水等关键技术的研发、陶瓷布料系统数字化改造。在产业转型升级规划指导下,加大重大产业项目的前期谋划力度,积极为重大项目的实施创造必要支撑条件,针对经济提升的关键瓶颈问题,以持续有效地增量投入支撑产业集群转型升级和结构优化。

5. 完善创新体系

加快以企业为主体,市场为导向,产学研相结合的技术创新体系建设,支持企业在关键技术、关键工艺上进行技术创新合作,构建企业间技术转让交易平台,实现技术创新成果的扩散效应,逐步形成区域技术联盟和创新体系。支持企业以发明专利等自主知识产权为基础,主动参与制定行业标准、国家标准和国际标准,积极占据技术领域的制高点。督促企业严格执行强制性标准,鼓励企业积极采用先进标准进行生产。

6. 构建公共服务平台

探索推进多形式、多层次公共服务平台建设,重点支持研发中心、检测中心、信息中心等服务机构建设。按照"政府推动、市场运作、自主经营、有偿服务"原则,鼓励民营投资、产学研合作、科研院所集聚等多种方式和经济主体参与公共服务平台建设。建立部门分工协作机制,有关部门要按照各自职能,明确分工、加强协作、聚焦政策、形成合力,共同推进各领域、各层面公共服务平台建设,为块状经济转型升级提供良好的支撑条件。鼓励产业转型升级服务的各类中介服务机构建设,重点支持管理咨询、技术专利服务、人才教育培训、市场营销、中小企业融资担保等中介机构建设,为块状经济内部各企业解决生产、技术、管理、品牌、人才、信息等各方面问题提供支持和服务。

7. 提升集群品牌

大力实施质量振兴和品牌带动战略,提升陶瓷企业产品品质,增强品牌意识。加强企业计量、质量、标准等内部管理,不断提高产品质量和服务水平。引导和支持块状经济内企业创立品牌,鼓励支持企业积极争创省级和国家级品牌。推动生产要素向品牌企业和优势企业流动,形成集聚效应,培育形成区域品牌。加大宣传推介力度,积极探索不同产业集群区域品牌建设的路径和方式,着力将企业品牌、产业品牌、区域品牌升级为城市品牌,从而形成浓厚的区域产业文化,抓好品牌保护,促进品牌企业自我保护,强化行政执法力度,形成打假工作合力,切实维护品牌形象。

8. 推进可持续发展

通过清洁生产、资源节约、污染治理和淘汰落后等手段,推广节能减排共性技术,推动陶瓷产业向资源节约集约和生态环保型产业转变。大力发展铁矿尾矿、工业废渣、城市下水道淤泥、陶瓷生产废砖废料、抛光淤泥等固废的回收利用技术,将陶瓷行业发展成工业固废处理中心,树立陶瓷行业"吃泥啃灰"的新形象,推广清洁生产,鼓励企业实现废水、废瓷等资源的综合利用,建立健全企业自愿和政府支持相结合的清洁生产机制,培育一批能源资源消耗少、环境污染小的清洁生产企业。全面建立项目决策咨询服务协调机制,切实把好新上项目入口关、布局关,加强对产业转移的引导。

(三) 装备制造业

1. 加快技术进步,大力发展数控化陶瓷机械成套技术装备

陶瓷机械装备行业的转型升级,意味着我国陶瓷机械装备制造企业要实现由传统的单机设计制造向整条生产线的集成设计制造转变,因此,为了实现这项转

变,陶瓷机械装备企业需要重点关注整条生产线机械设备的自动化和智能化水平的提高,大力提高装备的数控化水平。比如,在陶瓷墙地砖制造机械方面,企业可重点研究电控系统控制的软硬件技术;在施釉和印花方面,企业可重点研究数码陶瓷喷墨打印技术及装备;在窑炉装备方面,企业可重点研究数字化控制技术,实现陶瓷产品的烧成温度和周期控制、能耗水平控制、窑内产品运行的实时监控等方面的全面数字化控制;在陶瓷产品包装线方面,企业可重点研究适应于不同规格和花色产品的数控化自动调节技术。

2. 加强技术改造,研发和推广节能减排的陶瓷机械设备

在建筑卫生陶瓷生产过程中,原料制备、产品烧成及深加工三个环节不仅消耗了大量能源,还易产生粉尘、废气、废渣、废水等污染物,因此,建筑卫生陶瓷行业的节能减排也迫使陶瓷机械装备、陶瓷窑炉设备更新并不断升级。这就为那些科技含量高、性价比优的陶瓷机械装备、窑炉设备制造企业提供了巨大的市场机会。所以,陶瓷机械装备、窑炉设备制造企业新产品研发的方向主要围绕着这三个方面展开。

在原料制备环节,球磨机系统由传统间歇式球磨机系统、单筒连续式球磨机系统向高效节能分段式连续球磨机系统转变。升级研磨装备不但能极大地提高生产效率(提升幅度为15%—25%),而且节能效果也非常显著(节能15%—25%)。

在陶瓷产品成型环节,研制适合大规格陶瓷薄板的成型压砖机、布料机械、抛售生产线等,能使陶瓷砖的厚度降低1/2—2/3,材料减少1/2—2/3,生产能耗降低1/3—1/2。

在陶瓷产品烧成环节,其所消耗的能源成本约占陶瓷产品生产成本的30%,这就表明窑炉的节能减排还有很大的提升空间,这需要加强对宽体辊道窑的技术攻关。宽体辊道窑不仅能够增加陶瓷产品的产量,还具有单位产量投入成本低与单位产量能源消耗低的实质优点。

3. 提高陶瓷产品的自动化智能化包装水平,并适当实现个性化定制

在陶瓷产品生产过程中,产品包装是陶瓷企业生产的最后一道工序,并且这道工序人工成本占比最高。目前,我国陶瓷行业的自动化水平偏低,行业的转型和升级需要以机械劳动来替代手工劳动。包装生产线的高度机械化和自动化不仅能够极大地提高生产效率,而且还能够减少部分工人数量,在降低工人劳动强度的同时,有效地节约用工成本。尽管现有的自动包装线在功能性方面有很大突破,比如能够实现不同色号瓷砖分级叠垛,不同规格产品的转线生产,但仍然有进一步改进和完善的地方,比如实现陶瓷产品的外销打托功能。企业可以根据某些

陶瓷生产企业的个性化需要,对其所需的机械装备进行个性化定制生产。

4. 加大研发投入,掌握陶瓷喷墨打印技术及设备研发的核心技术

喷墨打印机在建筑陶瓷行业已经得到了广泛应用。有资料表明,喷墨印花机在陶瓷产品制造企业的施釉线中占比可达10%,而在欧洲该占比则为30%—40%,这意味着喷墨印花机在国内还有很大的市场空间。喷墨打印机具有非接触打印、非实物制版、数码化打印等特点,因此,可以"印刷"凹凸面产品,增强产品的立体感,凸显出陶瓷产品丰富的表现力;同时,转版简单迅速,可以提高陶瓷企业的个性化生产能力,并降低企业库存。鉴于喷墨打印技术同传统的平板、辊筒印花相比,是陶瓷产品装饰的一大变革,并且具有良好的发展前景,国内很多陶瓷机械装备企业展开了喷墨打印机的研发工作。除喷头之外,喷墨打印机的配件基本上都可以实现国产化。由于喷头制造难度非常大,很多装备制造企业在短期内无法掌握这项核心技术,当前陶瓷产品制造行业使用的喷墨机均采用进口的喷头。此外,喷头作为喷墨打印机的核心组成部分,其制造成本占整台机器成本的70%左右,因此,对于陶瓷装备企业来说,需加大喷头的研发投入,掌握喷头制造的核心技术并形成自主知识产权,这样才能实现喷墨打印技术的国产化,进而降低陶瓷墨水供应商在研发墨水过程中的风险。

5. 培养一支专业化的陶瓷喷墨打印技术人才队伍

推动陶瓷喷墨打印机的国产化,还需要陶瓷机械装备企业和产品生产企业重视陶瓷喷墨打印技术人才队伍的培养,这是实现陶瓷产业转型升级的重要基础。具体来讲,在喷头的设计与制造方面,陶瓷装备制造企业需要通过各种渠道来获取制造业的高端人才和领军人才,争取在较短的时间内实现喷头设计与制造的技术突破,并形成自主知识产权。在陶瓷墨水研发方面,色釉料生产企业需要针对陶瓷喷墨打印机的发色特点来研发质量稳定的墨水。在陶瓷产品设计方面,陶瓷产品生产企业需要重视设计团队的培养,要求这支设计团队能够专门针对陶瓷打印喷墨机的特点来设计陶瓷产品图案,特别是陶瓷产品原创图纸的开发设计。这样既有助于帮助陶瓷企业走差异化路线,针对终端客户的需求进行个性化设计,又能够大幅度地提高产品附加值。总之,一支专业化的陶瓷喷墨打印技术人才队伍有助于推动陶瓷喷墨打印机的全面国产化。

(四) 陶瓷商贸业与生产性服务业

1. 大力发展佛山陶瓷总部经济

根据佛山陶瓷总部经济的条件,以国内知名陶瓷企业总部入驻为主,引进世界知名陶瓷企业设立子公司或分支机构,为形成陶瓷企业在我国南方的金融总

部、采购总部、制造总部、营销总部和贸易总部而努力,成为辐射泛中南部、影响全国、面向世界的重要"陶瓷总部经济聚集区"。

发展总部经济有利于经济结构调整、优化产业链和产业升级,这就要有全局观念,切实发挥总部经济在区域经济发展中的"龙头带动"作用。优化各类服务产业布局,形成与总部企业相衔接的专业化服务配套体系,加强总部经济聚集区的品牌推广,提升总部经济板块的品牌效应。在发展总部经济过程中,要以企业为载体,以市场为机制,遵循市场经济规律,在发展总部经济的过程中实现经济规模扩大与产业升级双赢。

2. 大力发展陶瓷商贸业

推动陶瓷商贸流通网点和设施建设,大力发展专业市场,形成立足本市、服务全国和世界的现代化陶瓷商贸中心,巩固"中国陶瓷商贸之都"地位,建设国际陶都。

(1) 加快建设专业市场。充分利用好南庄镇较为成熟的五大专业市场(华夏陶瓷博览城、中国陶瓷总部基地、瓷海国际陶瓷交易中心、海盛东方环保城、国际水暖卫浴城),加大对中央商务区的统筹规划、定位和扶持,加快建设中国陶瓷中央商务区为陶瓷产业商务和商业高端集聚平台。

(2) 建立现代商品流通体系,提高商贸现代化水平。结合产业布局和物流设施,统筹规划建设业态集聚、交易现代、特色鲜明的大中型专业市场。积极推行现代流通方式,加快培育新型商贸业态。积极发展电子商务,建设电子商务综合平台及各种专业化电子商务平台。

(3) 推进商贸领域对外开放,提高商贸服务业整体水平。鼓励特色突出、具有知名品牌的商贸流通企业入驻。鼓励本土陶瓷商贸企业做大做强,通过兼并、联合、重组等方式快速扩张,形成具有较强竞争力的商贸服务企业(集团),提升佛山商贸服务业的辐射能力,提高佛山商贸服务业现代化发展水平。

3. 大力发展陶瓷商务会展业

健全商务服务体系,围绕培育特色展会和品牌,形成各类展会为支撑、产展融合的会展经济发展格局,打造区域性乃至全国陶瓷会展中心。

(1) 整合现有商务服务资源,促进行业的规范化、产业化和现代化。实现以对外招商、金融保险、电子商务、法律咨询为主的经贸运作体系;以商品展览、展示、展销、会议交流和技术交流为主的商务运作体系;以房屋中介、就业和劳动中介、经纪代理等为主的生活服务体系。同时,大力发展各类社会中介服务组织,尤其是围绕咨询服务业,为企业提供行业信息、企业诊断、智力支持、科技成果转化等各项服务。

(2) 增强会展业辐射带动能力。加快推进以现有场馆为主、多层次发展的场馆建设。优先发展符合陶瓷产业发展方向的重要展会项目,举办中国陶瓷产业高峰论坛,承接在全国具有一定影响力的重要陶瓷产业会议,以节促展,以展荣商。

4. 科技服务业

基本形成要素完备、配置高效、协调发展、充满活力的陶瓷产业自主创新体系,初步建成具有特色的科技创业服务系统。

(1) 围绕产业关键技术,依托优势骨干企业,培育和壮大一批陶瓷技术研发中心。加快培育拥有较强自主知识产权和知名品牌的行业龙头骨干企业。鼓励企业与科研院所共建研发机构和实验室,抓好创新基金、成果转化和产业化项目的实施,加大自主专利技术研发,重点申报核心专利、发明专利,形成一批具有自主知识产权的核心技术。

(2) 加强科研平台建设,争取实现国家级工程技术研究中心零的突破,加快省级工程技术研究中心等科研平台建设。结合省级可持续发展实验区建设,建立由科技、管理等各方面专家组成的专家服务组,开展技术咨询服务。

(3) 做大做强研发服务。推动科研院所向研发服务机构转型发展,吸引国内外知名研发机构、企业研发中心入驻,做强一批本土民营研发服务机构。鼓励产学研用多方主体加强研发服务资源的集成利用,支持产业技术研究院等新型研发组织发展。

(4) 推进陶瓷产业科研和技术服务机构的专业化、规范化、市场化、网络化和规模化进程,形成功能社会化、服务产业化、手段现代化的科技服务体系。重点发展陶瓷生产技术的研究与开发等专业服务。积极吸引国内外创新资源,加强基础研究、应用研究和工程技术研究,促进并完善研发产业链。强化政策支持和资金引导,鼓励科技中介服务机构面向陶瓷企业,为陶瓷产业的自主创新和成果转化提供专业化服务。

5. 大力发展陶瓷信息服务业

(1) 整合网络资源,重点建设陶瓷产业地理、市场、科技、政务和公共五大基础信息数据库,形成完善的陶瓷产业数字化信息资源体系。充分发挥信息技术的倍增作用和催化作用,促进产业融合,创新服务品种,扩大市场需求。培育和壮大信息资源服务市场,开拓各类增值服务,应用好咨询及网络托管等新兴服务领域。

(2) 扶持陶瓷电子商务交易平台建设,鼓励发展电子商务相关的支付中介服务,完善电子商务支撑体系,促进电子商务发展。

6. 现代物流业

(1) 加快推广以供应链管理技术为核心的物流服务方式,提高运输、仓储、装卸、加工、整理、配送等环节的效率。

（2）构建物流信息平台，抓好现代物流体系电子商务、信息化平台及现代物流网络建设，促进物流资源、物流功能、物流要素系统的整合。

（3）大力发展第三方物流，引进和培育知名物流企业。积极引导企业和其他社会组织将物流部门和设施剥离出去，推动大型企业内部物流市场化，物流运作方式逐步与国际接轨。

（五）打造佛山陶瓷区域品牌

2013年，"佛山陶瓷"集体商标注册成功。这不仅是对佛山30多年陶瓷发展的肯定，还意味着佛山陶瓷产业开始走向规范化运作。从某种程度上看，可以说，"佛山陶瓷"集体商标对佛山陶瓷产业在全国乃至全球的品牌树立、知名度的提升和市场竞争力的增强具有非常大的促进性作用，同时又能够有效地发挥佛山陶瓷地理标志的影响力，将佛山陶瓷企业与其他陶瓷产区的企业进行区隔，进而规避市场上那些仿冒佛山陶瓷品牌的企业对真正的佛山陶瓷企业的冲击和负面影响。

为了更好地培育和保护"佛山陶瓷"这一具有高知名度和美誉度的公共地理品牌标志，推动佛山陶瓷产业的转型和升级，佛山陶瓷企业需要自强、自律、自勉和自省。

1. 扶持二线品牌发展，打造品牌梯队，建立完善的区域品牌支撑体系

企业品牌为"木"，区域品牌为"林"，只有树木根深叶茂且集群聚合才能成林，而森林又能为树木挡风遮雨。"佛山陶瓷"区域品牌是建立在一个稳定、持续的竞争集合体之上，而陶瓷企业自有品牌的建设则是"佛山陶瓷"区域品牌形成与建设的关键。打造佛山陶瓷区域品牌的途径主要有两条：一条路径是围绕核心龙头陶瓷企业的品牌优势，使其原有的品牌美誉度、知名度更加扩大化。具体做法是首先在行业里打造一批一流企业，领跑行业发展，再由政府及行业组织做好策划推广，这是一项系统而长远的工程。另一条路径是依据陶瓷产业价值链上企业间的互补协作关系，促进众多相对独立的企业以产业优势为依托，以地方特色为旗帜，共同塑造区域品牌。对于部分长期裹足不前的二线品牌，政府要选择其中具有发展潜力的给予扶持，打造一批大规模、品牌强、个性化、品质高、花色品种丰富、管理水平高的陶瓷企业，形成品牌联合梯队，共同支撑区域品牌。佛山陶瓷区域品牌的建设与维护，不能仅仅依靠少数的龙头企业和主导企业，而应依靠产业集群的整体力量。

2. 培养陶瓷企业以技术、品牌参与竞争的意识

从产业链的增值过程看，价值增值环节集中在研发和设计、营销和服务等高

端环节,而产品生产环节则处于产业发展的低端。佛山陶瓷产业的转型和升级必须通过提高产业链层次,将焦点聚集在产业价值链高端,培养自有设计研发机构和构建市场营销网络来扩大佛山陶瓷的知名度。对陶瓷企业来说,实施品牌战略,争创企业品牌尤其是知名品牌就成为其必然选择。佛山陶瓷企业实施品牌战略应具有主动性创品牌意识和整体性创品牌意识。主动性创品牌意识需要企业具有积极主动的、持久的创品牌要求和目标,从而形成强烈的创品牌意识。整体性创品牌意识意在表明在陶瓷产业价值链中,并不是所有的企业都有能力创建自主品牌。因此,这就需要通过政府的引导和市场的选择,使部分价值链联系密切的中小陶瓷配套企业与某个大企业结成产业联盟,成为大企业创品牌的有机组成部分,采取共创品牌、共定标准、共享收益的方式,实现品牌价值股份化,按质量标准订单生产,实现企业经营规模化和企业品牌集群化,带动区域产业的良性发展。

3. 规范"佛山陶瓷"集体商标的使用方法和管理办法,保护好"佛山陶瓷"金字招牌

佛山陶瓷集体商标作为公共资源,在实际使用过程中,需要遵循"政府引导、协会主导、企业参与"的准则。为了更好地开拓国内外市场,维护"佛山陶瓷"区域品牌的声誉和形象,为陶瓷产品销售营造良好的市场环境,使得陶瓷销售在规范中发展,在发展中得到规范,佛山市需要成立专门的"佛山陶瓷"品牌管理机构,对"佛山陶瓷"集体商标的经营、归属、使用、流通和管理进行科学的规划。为此,佛山市需要尽快拟定出台完善的"佛山陶瓷"区域品牌商标的使用方法及商标的管理办法,规范区域品牌的市场化运作过程和使用者行为,最大限度地避免"佛山陶瓷"品牌被滥用,保护好"佛山陶瓷"金字招牌。

第五节 佛山"腾笼换鸟"计划实施成效

一、"腾笼换鸟"计划的直接效果

佛山陶瓷行业在实施"双转移"战略之后,技术落后的小型陶瓷企业基本上被淘汰或外迁,而大中型企业在政策的引导下,纷纷开始转型升级。产业转移升级政策实施后,陶瓷产业得到质和量的提升。

一是企业数量下降,产业升级。截至2009年第一季度,佛山禅城区基本完成115家陶瓷生产企业的转型升级工作,其中关迁企业达84家。在2007年底,佛山陶瓷企业尚有300余家,而截至2015年,佛山地区的生产型陶瓷企业仅剩60家。

二是产量下降,产值上升。2008年佛山禅城区建筑陶瓷产量虽相比2006年下降了38.9%,但产值却增加了33.3%,税收同样增长了33.3%,出口总值增长了60%。2007年,佛山规模以上陶瓷企业的生产附加值(工业增加值除以工业总产值)由2005年的28.3%上升至30.0%,利润率从4.0%上升至5.9%,人均工业产值从32.0万元上升至49.5万元。到了2009年,佛山陶瓷企业只剩下100多家,但工业总产值、增加值、利润总额却比2007年366家的总量还多。

三是减少能耗,改善环境。在产值、税收、出口上升的同时,陶瓷产业能耗指标却呈现下降之势,2008年,陶瓷产业的能耗下降了24.7%。禅城区二氧化硫排放量同比下降了18.7%,二氧化氮排放量同比下降了12.0%,可吸入颗粒物同比下降了7.5%,城市环境明显改善。

四是用创意推动传统产业发展。在实施"腾笼换鸟"计划期间,佛山先后设立了10多个创意产业园区。创意经济被引入陶瓷等传统产业的转型升级之中,形成了巨大的推力。

二、"腾笼换鸟"计划的长期影响

(一)佛山从陶瓷制造基地到产业总部基地

以佛山的南庄镇为例,时至今日这里的建陶产业结构、形态都发生了积极变化——从原来的以建陶制造环节为主,变为大部分企业把总部、销售环节留了下来,新型陶瓷研发、平台搭建、信息、市场展贸等齐头并进。

如今的佛山已经是我国建筑卫生陶瓷行业最大的品牌集散中心,不仅拥有全国最多的陶瓷品牌,还有数量最多的品牌营销中心。位于佛山季华西路68号的中国陶瓷产业总部基地,已成为我国陶瓷品牌的世界窗口,截至2023年底已入驻国内外高端特色建陶企业超500家,20余个行业协会媒体,渠道买家资源达到10万以上,口碑转介绍成交率超过了80%。针对初创期、成长期、成熟期不同发展阶段的企业和陶瓷产业各类业态,中国陶瓷总部提供包括选材中心、辅材专区、会议中心、C-PARK公寓、酒店餐饮五大配套服务,在这里,陶创空间、陶时代、陶立方、1018梦想家、潮创Mall、中国陶瓷剧场、陶配中心等面向海内外入驻企业提供了全方位、多维度的不同规格的办公、住宿空间。

佛山的陶瓷产业"双转移"曾一度受到外界质疑:支柱产业"壮士断腕",是否会导致产业空心化?在实施"腾笼换鸟"计划那几年,南庄在打破"三高一低"粗放型发展模式的同时,逐渐建立起建陶业新的发展目标和路径——打造以现代陶瓷服务业为核心的总部、研发、会展、装备基地。

在持续的产业转型升级过程中,南庄实施产业"优二进三"战略和城市化发展战略。即优化提升支柱产业陶瓷制造业,重点发展以陶瓷物流、会展、研发、总部、旅游、文化、中介等为主的现代陶瓷服务业,以及高新陶瓷、特种陶瓷、航天陶瓷等高端陶瓷制造业。

"走出去""引进来"并重,大力发展现代陶瓷服务业,曾经的建陶制造基地逐渐升级为建陶总部基地。

留在南庄的建陶企业认识到传统发展模式难以为继,在政府引导下从生产加工环节向"微笑曲线"的两端延伸,把目光投向陶瓷生产工艺的提升和流程再造。

佛山经关停并转仅余47家陶瓷企业实施清洁生产,陶瓷产业非但没有空心化,更升级走上了金字塔尖——把总部和销售中心设在南庄,生产厂家遍布全国,通过"走出去,引进来"控制的产能约占全国的60%。

"十四五"期间,佛山一方面推动陶瓷等传统优势产业向高端制造、清洁生产、总部商贸等方向发展;另一方面通过培育和引进,对产业链进行补链、强链,在陶瓷产业链上下游已出现一批龙头企业,如陶瓷装备制造业中的一鼎科技、东承汇等企业已经掌握国内行业话语权。

(二)实现了佛山陶瓷高质量发展

1. 提质增效成果显著

2023年佛山陶瓷行业工业总产值1019.66亿元,相比2018年以来全国建陶产量和规模以上工业产值均一路下滑,全国建陶行业2023年与2016年相比,产量下降了33.39%,规模以上工业产值下降了34.41%;而佛山陶瓷行业2023年与2016年相比,产量下降了38.12%,建陶规模以上工业总产值并没有减少,反而增加0.76%,这一数据说明佛山陶瓷产业升级取得了显著效果。2010年—2023年佛山陶瓷行业工业总产值详见表4-1,2010年—2023年佛山建陶产量详见表4-2。

表4-1 2010年—2023年佛山陶瓷行业工业总产值表

年份	产值/亿元	同比上年增长/(%)
2010	758.40	—
2011	767.62	1.26
2012	746.65	-2.73
2013	884.63	18.48
2014	958.38	8.34

续表

年份	产值/亿元	同比上年增长/(%)
2015	958.26	2.80
2016	1012.00	2.71
2017	997.65	−1.42
2018	830.76	−16.73
2019	824.07	−0.81
2020	817.57	−0.79
2021	914.89	12.00
2022	967.71	2.50
2023	1019.66	4.60

表4-2 2010年—2023年佛山建陶产量表

年份	产值/亿元	同比上年增长/(%)
2010	12.2	8.40
2011	11.79	−3.36
2012	9.17	−22.22
2013	10.11	10.25
2014	11.79	16.62
2015	11.96	1.44
2016	12.04	0.67
2017	11.4	−5.32
2018	10.91	−4.30
2019	9.87	−9.53
2020	8.9821	−9.00
2021	9.7271	8.30
2022	8.05	−17.24
2023	7.45	−7.7

2.转型升级之后涌现一批优秀企业

蒙娜丽莎、新明珠、科达、宏宇、欧神诺、金牌、新润成等被评为国家级"绿色工厂";东鹏、科达、帝欧家居、天安新材、道氏、蒙娜丽莎、箭牌、奔朗等成功上市。

3. 佛山成为世界最大的陶瓷出口中心

2023年佛山陶瓷砖出口额114.47亿元,约占全国的32.97%。

转型升级之后佛山陶瓷产业在技术创新、品牌打造、国际市场拓展等方面取得了显著进展,为中国陶瓷业的发展贡献了重要力量。未来,佛山陶瓷产业将继续努力,不断提升产品质量和品牌竞争力,实现产业的可持续发展。

第五章　环保风暴倒逼临沂陶瓷产业升级

2015年1月1日,"史上最严"的《中华人民共和国环境保护法》实施。2015年2月25日,因大气污染严重,环境保护部华东环境保护督查中心约谈临沂市时任代市长。作为新环保法施行后第一个被约谈的城市,临沂的污染经央视《焦点访谈》等媒体曝光,引发全国关注。约谈后第三天,临沂市时任代市长在政府工作报告中提出,铁腕治理雾霾,限期治理412家企业,停产治理57家企业,停业关闭整治无望企业,全面清除土小企业,确保全市空气质量提高幅度进入全省前六位、主要指标位次退出全省后三位、空气质量指数瞬时值退出全国排名末位,以让空气出现决定性的好转。

罗庄区作为临沂市工业的主要聚集区成为环保治理重灾区,陶瓷企业首当其冲,要求限期治理达标,有22家建陶企业因整治无望被关闭,在这次环保风暴中临沂陶瓷可谓涅槃重生。

第一节　临沂陶瓷产业发展概况

一、临沂陶瓷产业的发展历程

1. 原始积累的罗庄镇时代

临沂陶瓷工业主要分布在罗庄,罗庄已有四千多年的制陶历史。明清时期,一批陶艺工人在此地创办陶瓷作坊,生产的缸、碗、罐、坛、盆、碟及砂壶、蒜臼等黑釉粗瓷产品享誉苏北、鲁南、皖北、豫东,成为这些地区人民生活的必需品。

罗庄陶瓷工业第一次大发展始于20世纪80年代初至90年代中期,随着改革开放号角吹响和"让一部分人先富起来"的政策落实,无工不富的口号唤起了罗庄人极大的办厂热情,在当地政府特事特办、先上车后买票、贷款优先优惠等用足用活政策的措施鼓励下,村办集体企业、股份制企业、个人独资企业、中外合资企业、单位办实体企业如雨后春笋般涌现。以沈泉庄白瓷厂、宏达瓷厂、美华瓷厂、华星瓷厂、罗庄工搪、华罗利建陶、鲁能建陶等企业为主体,发展形成了陶瓷、白瓷、搪瓷等当地早期工业支柱。罗庄工业的发展离不开陶瓷产业,20世纪90年代中期罗庄年产各类建筑陶瓷1亿平方米,日用白瓷5.4亿件,获得"江北瓷都"的美誉。陶瓷工业也被誉为"孕育罗庄工业的摇篮",现在罗庄钢铁、医药、化工等几大支柱产业的老板,过去都是依靠陶瓷产业淘得了"第一桶金",在完成原始积累后才逐步转型到其他行业,陶瓷产业不但为罗庄培养了第一批企业家,也为罗庄工业的发展奠定了坚实的基础。1995年前后,陶瓷产业占罗庄全区工业产值的30%以上。

2. 建陶产业"井喷"阶段

自罗庄区设立以来,罗庄陶瓷工业迎来了第二次崛起的大发展时期,这一阶段建筑陶瓷逐步代替日用陶瓷成为罗庄陶瓷产业的主要力量,墙地砖企业迅速崛起,成为全国较大的内墙砖产区之一。

2003年前后罗庄区建陶产业的扩张出现了"井喷",在两年的时间内建起了近50条建陶生产线,两年内生产线及产能均增加了一倍,建陶产业占到了全区GDP的40%—50%。

2008年罗庄区再次扩建了30余条建陶生产线,曾经出现一家企业同时开工建设20条生产线并且在一年内全部建成投产的情形;2009年罗庄建陶行业发展达到高峰,共有123家,之后受市场、环保治理等因素的影响,全区建陶企业实现整合提升,至2015年共有建陶企业70余家,拥有各类生产线120余条,产品涵盖内墙砖、耐磨砖、抛光砖、水晶砖等几十个品种,年产能近7亿平方米,占全国产能的7%左右,居全国陶瓷产区第四位。行业年产值超过100亿元。

3. 转型发展后环保时代

2015年从环保风暴中彻底惊醒的罗庄区,有着壮士断腕、刮骨疗毒的决心和勇气,既不能完全扔掉传统产业,又要保持城市持续健康发展,同时还要避免传统工业破坏生态的老路,罗庄区以大气污染防治倒逼企业转型发展、产业升级,向园区化、集聚化发展。

罗庄区是临沂市中心城区工业企业"退城进园"的主战场。2015—2017年,罗庄区调动所有人力和物力,综合运用环保、安全生产、节能减排、税收四个工具倒逼企业"退城进园",转型关停建陶企业22家,退城入园改造升级建陶企业36家。为促进罗庄陶瓷行业高端化、品牌化、集约化、绿色化发展,罗庄区以建设陶瓷转型升级创新示范园为契机,对全区陶瓷产业升级进行了全新规划引导。

二、临沂陶瓷产业发展存在的问题

1. 同质化问题严重

临沂陶瓷企业产品同质化严重,以内墙砖为主,制约了陶瓷产业更好、更快地发展,而且临沂绝大多数陶瓷企业的产品定位为中低端产品,附加值不高,这就使得行业的同质化竞争比较激烈,导致企业盈利水平较低,陶瓷行业转型升级难度大。

2. 环境保护任务繁重

在陶瓷行业能耗大、雾霾超标的严峻形势和环保政策约束下,地方政府出台了严厉的环保标准,对超标准的企业实行零容忍、重打击,要求陶瓷企业加大资金投入,实施生产、工艺、仓储、物流等改造升级,由资源消耗型、生态欠佳型向资源节约型、生态文明型转变,对传统的陶瓷生产工艺和经营模式带来了挑战。

3. 产品结构单一

临沂陶瓷产业集群的产品结构不够合理,建筑陶瓷一业独大,其他陶瓷产业发展则较为缓慢。建筑陶瓷又以内墙砖为主,相对来说内墙砖的附加值偏低,并且内墙砖的市场正不断萎缩,而日用陶瓷的发展没有得到应有的重视,工艺美术陶瓷、特种陶瓷材料还处于发展的初始阶段,尚未形成较大规模。

4. 产业低端且规模小

临沂陶瓷目前大部分处于产业链的底端,以生产制造为主,工艺设计、产品策划和资本运作能力较低,单个企业生产线很少,产品规模不大、再投资的能力弱、自有技术少、贴牌现象较为普遍,削弱了陶瓷行业的再生产能力和市场竞争力。

5. 产业创新能力不足

与国内领先的陶瓷产区相比较,临沂陶瓷在生产装备等硬件方面并不落后,但在工艺设计、流程管理等方面,还有不小的差距,企业研发投入很少,技术人员严重不足,产品设计能力较差,产品相互模仿现象较为普遍,这导致本地区的产品同质化、档次低和缺少市场竞争力。由于缺乏高端研发机构,且与国内高等院校、科研机构缺乏战略合作,临沂陶瓷的研发和创新能力也不足。

6. 人才资源缺乏

临沂陶瓷产业从业人数众多,整体队伍中研发与设计团队人员存在严重短缺的问题,员工团队结构极度不合理,这与临沂陶瓷产品缺乏设计感、盲目跟风的产品现状相符;企业员工整体专业技术水平不高,中级以上职称在从业人员中比例仅为0.42%。临沂陶瓷产业在技术研发、宣传营销、产品设计方面存在人才不足的问题,这严重制约企业自主创新能力的提升。

三、临沂陶瓷产业SWOT分析

临沂陶瓷产业SWOT分析如图5-1所示。

优势 1.历史悠久 2.区位优势 3.规模优势 4.运输成本优势 5.生产成本优势	机会 1.陶瓷行业的发展仍处于窗口期 2.消费迭代引发渠道变革 3.新生代消费升级 4.淄博产区产能压缩 5.周边目标市场容量巨大 6.出口前景广阔
劣势 1.品牌建设不足 2.高端人才匮乏 3.公共平台缺失 4.企业小、散、乱	挑战 1.市场认知固化 2.环保风暴重压 3.中原陶瓷产业集群崛起

图5-1 临沂陶瓷产业SWOT分析

(一)临沂陶瓷发展的优势

1.历史悠久

临沂陶瓷距今已有四千五百年的历史,可追溯到以磨光黑陶器为显著特征的龙山时期。中华人民共和国成立初期,临沂以罗庄、付庄、朱陈、湖西崖为中心建立了多家小型瓷厂瓷社生产日用陶瓷。

2.区位优势

临沂处于长三角、环渤海两大经济区的中间地带,是鲁南苏北重要的交通枢纽。京沪高速公路和206国道纵贯南北,临枣高速公路、临岚高速公路横贯东西,兖石铁路横穿北部,鲁南高铁获批建设;2小时达广州、深圳,1小时达北京、上海;距日照、岚山、连云港三大港口约100千米,距青岛港150千米。4条国道交汇处,拥有几亿人的庞大消费群体。

3.规模优势

高峰时,临沂产区共有各类自动化生产线120余条,年产墙、地砖7亿平方米,产量居国内各陶瓷产区前四位,内墙砖产量居全国第一。

4. 运输成本优势

依托我国北方最大的批发市场,"临沂物流城"形成了其他产区无可竞争的运输成本优势,同比之下,临沂产区比其他产区物流成本更低。

5. 生产成本优势

多年来,"以走量为特点的临沂陶瓷生产模式"使临沂生产成本的控制能力在国内第一,大产量带来的大物流,如原料的进出等,使得企业控制生产成本的能力非常强。

(二)产业发展劣势

1. 品牌建设不足

临沂陶瓷虽然有一股强大的发展动力,也具有一定的发展基础和发展愿望,但是缺乏品牌突破,产区长期以贴牌加工为主,产品附加值低,缺乏品牌对产品的有力支撑。

2. 高端人才匮乏

虽然当地有临沂技术学院、临沂大学等院校向临沂陶瓷产业输送人才,但是对于陶瓷产品的发展所需要的高端研发人才、营销人才、管理人才,临沂目前仍旧处于匮乏的阶段,这制约了临沂陶瓷企业的进一步发展。

3. 公共平台缺失

一是缺乏一个综合性的高端研发、检测机构;二是与大中专院校、科研机构没有形成战略合作,这是临沂陶瓷产业发展最大的短板。

4. 企业小、散、乱

由于前期缺少统一规划,企业分布较散,形成了"企业围城"现象,同时,临沂陶瓷企业还有数量多、规模小、低档化,产品附加值低,战略思维缺失,小富即安等问题。

(三)产业发展机会

1. 陶瓷行业的发展仍处于窗口期

国内陶瓷产业还处于粗放经营阶段,技术含量不高,品牌集中度不高,行业内规模最大的建陶企业销售额刚过百亿,绝对市场占有率不到3%,谁能率先完成转型升级,走生态环保之路,引进资本运作思维,实施规模化并购发展,迅速做大规模,谁就将赢得未来,否则必将被市场淘汰掉。这是行业发展的规律,也是当前陶瓷企业面临的机遇。

2. 消费迭代引发渠道变革

传统零售业务萎缩,以及年轻一代互联网生活方式的变革和个性化的需求,都为陶瓷产业的发展提供了新的可能。

3. 新生代消费升级

目前,消费者群体趋于年轻化,对于陶瓷行业来说也应根据"80后""90后""00后"的生活方式、消费特点,制定相应的营销模式。根据百度大数据统计,"80后"和"90后"消费人群大约6亿人,其中约38.3%的年轻人倾向网上购物。在这样的消费偏好下,陶瓷行业也应做出应对,从线下向线上转变。例如,瓷砖品牌官方网站可利用VR等成像技术,使消费者可以先直观地看到装饰效果,然后通过网络下单。

4. 淄博产区产能压缩

淄博陶瓷经过十几年的发展,截至2008年底,淄博市拥有270家建陶企业、508条生产线,生产能力超过12亿平方米,已成为全国第二大产区,但2009—2016年淄博陶瓷经过两次产能压缩,从12亿平方米降到2亿平方米,曾被称为我国第二大建陶产区的淄博陶瓷,辉煌不再。"淄博陶瓷,当代国窑",淄博陶瓷区域发展定位以工艺琉璃品和高档宾馆酒店用瓷为战略方向,打造"世界陶琉之都"。淄博陶瓷产业的战略调整和大幅度压缩建筑陶瓷产能,为临沂陶瓷产业整合区域资源、发挥区位优势,发展北方陶瓷智造之都提供了市场空间和机遇。

5. 周边目标市场容量巨大

临沂处于长三角、环渤海两大经济区的中间地带,是鲁南苏北重要的交通枢纽,位于北京至上海的中间位置,以临沂为中心500千米经济运输半径内拥有超过5亿人的庞大消费群体,按当前我国人均建陶消费量6.69平方米估算,临沂周边市场的建陶市场规模在33亿平方米以上。尤其是以徐州为中心的淮海经济区的崛起,都将对临沂陶瓷产业的发展形成巨大的拉动作用。

淮海经济区建设机遇:以徐州为核心的淮海经济区,距离临沂仅100—150千米,规划辐射20个地市、1.3亿人口,新型城镇化及乡村振兴战略的实施,将形成巨大的消费潜力。

雄安新区建设机遇:临沂距离雄安在500千米范围内。雄安是"千年大计、国家大事",绿色生态新城、科技新城、智慧新城,未来十年海量基建工程的启动,周边配套新城镇、新农村的建设,将给陶瓷企业带来极大的机会,但所在河北当地建筑陶瓷业发展因环保因素受到强制约束,这给山东、河南等周边陶瓷业的发展将带来较大的机会。

从全国来讲,临沂陶瓷虽然总体上知名度不高,但品牌建设已经起步,有国家级驰名商标3个,个别品类如低吸瓷片在全国都有影响力,尤其是低成本、大物流的区域优势,内墙砖产能全国最大,在鲁、苏、皖、豫等周边市场方面形成了较大的竞争优势。随着临沂陶瓷品牌建设的推进,加上临沂的区位及物流优势,参与全国部分市场的争夺不是没有可能,建议选择某些附加值较高但对品牌不太敏感的细分市场全力进入,比如装饰背景墙等。

6. 出口前景广阔

临沂东靠黄海,距离岚山港、日照港、连云港三大港口约100千米,距离青岛港150千米,地理位置紧邻日韩区域,有利于出口。另外临沂正加快临沂商城国际化建设,已布局的14个海外仓库可作为临沂陶瓷沿着"一带一路"走出国门的桥头堡。

(1)"中日韩自贸区"机遇。随着中日韩关系改善,"中日韩自贸区"日益成为可能,可借此提前规划"中日韩自贸区临沂陶瓷片区"申报工作,尤其是日本世界领先的精密科技陶瓷技术对我国陶瓷行业转型升级有较大的引进借鉴价值,立足临沂,面向全国,辐射日韩等区域,着力打造临沂陶瓷双向贸易之都。

(2)"一带一路"合作市场机遇。临沂紧临新欧亚大陆桥东起点,东起中国东海以连云港为主的港口群,西至欧洲西海岸以荷兰鹿特丹为主的港口群,全长10870千米,总覆盖面积5071万平方千米,占世界陆地总面积的36%。从我国阿拉山口出境,经哈萨克斯坦、吉尔吉斯斯坦、乌兹别克斯坦、土库曼斯坦、伊朗、土耳其、保加利亚、罗马尼亚、匈牙利、奥地利到西欧地区。沿途经过的15个国家,除我国以外总人口达4.6亿人,这些国家除中亚少数国家外都是全球比较富裕的地区,有着悠久的陶瓷消费史,从其气候、历史数据看很多都是建陶的消费及进口大国,这一地区的每年建陶潜在需求量保守估计在9亿平方米以上(46130万人×2平方米/人=9.226亿平方米)。

(四)产业面临的挑战

1. 市场认知固化

临沂现有陶瓷产品主要以中低端产品为主,主流市场对临沂建筑陶瓷已经形成了低端产品、贴牌产品的固有印象,未来打开高端市场的阻力较大,企业需要在营销与品牌建设上投入较多资源。

2. 环保风暴重压

在环保风暴重压下,企业治理污染的成本、转型升级的成本不断加大,企业综合运营的成本迅速攀升,但由于营销、人才队伍薄弱,品牌价值短时间难以抵消增加的成本,产品价格上不去,造成企业市场竞争力下降。

3. 中原陶瓷产业集群崛起

以内黄、鹤壁为代表的河南陶瓷业,自2009年起,当地政府确立了承接沿海地区陶瓷产业转移的政策指向,开始在中国陶瓷产业版图上崭露头角,逐步形成了产业集群,号称"中原瓷都"。河南位于中原腹地四省(河北、山东、安徽和湖北)交汇处,辐射华北、西北的区位优势及超亿人口的市场优势,决定了其对于陶瓷企业具有非常强大的吸附和诱惑力。2017年河南以年产能8.55亿平方米,位居全国建陶产区第五位,仅次于广东、江西、福建、山东。河南陶瓷业的崛起,严重冲击了临沂传统陶瓷市场,临沂陶瓷的河南市场失去了80%以上,这是对临沂陶瓷产业最大的威胁。

第二节 临沂陶瓷产业战略定位

一、临沂陶瓷总体战略定位

(一)"北方瓷都"

山东临沂全面对标广东佛山,打响"南有佛山,北有罗庄",发挥临沂物流城优势,打造以临沂为核心,辐射苏、鲁、豫、皖等区域,物流产值过千亿的"泛临沂"陶瓷产业集群,构建区域一体化发展公共服务平台,广泛建立与景德镇陶瓷大学等高等院校、科研机构的战略合作关系,创建"国家级陶瓷产业创新中心"。全面推广"陶瓷+互联网""陶瓷+人工智能"等前沿技术。

(二)"一带一路"陶瓷总部基地

"一带一路"倡议是当前我国最大的对外开放战略。目前国内建筑陶瓷行业产能严重过剩,北方产区环保压力过大,大量陶瓷产能急需走出去,临沂陶瓷应乘势而为,顺应国家形势和行业期盼,发挥临沂紧临新欧亚大陆桥东起点的战略区位优势、交通优势,依托临沂大市场、大物流、低成本优势,全面扩大开放,加快企业"走出去""引进来"步伐。

(三)陶瓷内外贸融合发展示范区

陶瓷内外贸融合发展示范区也可称为陶瓷双向贸易基地,目前我国陶瓷出口量价齐跌,陶瓷进口却稳步增长,这种趋势将长期存在。我国陶瓷在国际市场的成本优势已经丧失,甚至国内市场由于环保的压力,燃料、原材料及人工成本的增加,中低档陶瓷产品的生产将大量转移到"一带一路"合作区具有成本优势的国家,我国陶瓷将实现原产中高档产品出口与中低档产品贴牌进口并存。发挥临沂紧临新欧亚大陆桥东起点的战略区位优势,构建重点面向日本、韩国等域外销售的国际陶瓷进出口新通道,打造临沂陶瓷双向贸易基地。

中日韩自由贸易区设想是 2002 年在中日韩三国领导人峰会上提出的,2011 年在韩国设立三国合作秘书处,2012 年前完成了中日韩自贸区联合研究,正式启动谈判。2018 年 11 月 5 日,习近平总书记在中国国际进口博览会演讲中明确提出要"加快中日韩自由贸易区谈判进程"。2018 年 12 月 7 日,中日韩自贸区第十四轮谈判首席谈判代表会议在北京举行,三方一致同意加快推进中日韩自贸区谈判,已经进入贸易投资的最后议题。

2019 年 2 月 13 日,山东省时任省委书记刘家义在山东省政协十二届二次会议开幕式讲话中提出,山东要积极申建中国(山东)自贸区,打造与日韩产业对接平台。

(四)北方陶瓷物流中心

临沂应在综合分析国际国内陶瓷产业发展的规律和产业布局的基础上,抓住目前全国陶瓷行业环保重压、转型升级、关停并转的机遇,发挥大物流、大市场、低成本的基础优势。在抓好现有陶瓷企业转型升级的同时,不要过多考虑产能,而是应关注研发、品牌和营销,树立区域崛起、大市场、大物流思维,重点构建两大战略支点:一是提前规划"中日韩自贸区陶瓷片区",启动出口国际市场新通道;二是联手景德镇陶瓷大学等高等院校、科研机构、重点企业进行战略合作,创建"国家级新型陶瓷产业创新中心",打造区域一体化公共技术研发平台、营销服务平台和国际物流平台。以这两大战略支点撬动淄博、河南、安徽、江苏等周边地区陶瓷出口企业汇聚临沂,形成洼地集聚效应和区域运营优势,强化临沂陶瓷在全国的辐射力和影响力,从而拉动整个"泛临沂区"陶瓷产业的发展,形成"全国最大的陶瓷物流中心",构建"南有佛山,北有罗庄"的格局。

二、临沂陶瓷产业定位

(一)转型发展建筑陶瓷

推动原优势陶瓷企业转型升级并引导企业入园聚集发展,引导企业对标广东佛山等国内国际先进的建筑陶瓷生产水平,建设国内国际一流的陶瓷生产线,按照高标准要求进行技术改造,开发超薄型、节能环保型、功能型新产品,发展防静电瓷砖、防辐射瓷砖、太阳能瓷砖,以及抗菌、耐磨、耐污、防滑、保温等功能型或复合型产品。积极引进干法制粉等技术,加快陶瓷产业转型升级步伐,实现低碳化、规模化、聚集化、品牌化和国际化。

（二）整合发展日用陶瓷

引导日用陶瓷企业向艺术化、高端化方向转变，依托临沂物流城人流、物流、资金流、信息流和庞大的消费群体，整合并建设日用陶瓷批发市场。

（三）培育发展艺术陶瓷

重点挖掘齐鲁文化、儒家文化、水浒文化、沂蒙红色文化的精神内涵，借鉴佛山、淄博、景德镇、醴陵等艺术陶瓷主产区发展经验，开发临沂艺术陶瓷新业态，在产业园北区，确定工艺陶瓷企业和艺术陶瓷大师工坊，打造具有齐鲁文化特色的中国艺术陶瓷增长极。

（四）引进发展特种陶瓷

特种陶瓷在国内尚没有形成大的区域产业隆起带，主要停留在佛山、景德镇、上海、西安等地的科研院所实验室，目前国内江西萍乡、江苏宜兴、湖南醴陵特种陶瓷发展已实现产业化，以电瓷、工艺瓷、工程陶瓷、陶瓷新材料等品类为主。临沂应将特种陶瓷产业作为差异化战略进行培植，在北区规划设计特种陶瓷产业片区，利用"中日韩自贸区陶瓷片区"的政策优势，打造陶瓷内外贸融合发展示范区，重点面向日本、美国陶瓷技术招商，发展来料加工、合资等合作形式，助推临沂兴起以工业陶瓷、功能陶瓷为主的新型陶瓷产业隆起带，如耐热陶瓷、抗菌陶瓷、环保陶瓷、航空航天陶瓷、纳米材料、精细化工材料等，广泛应用于工业制造、能源、航空航天、交通、军事及消费品制造等领域，助推山东新旧动能转换升级工程。

第三节　临沂陶瓷产业发展目标及实施步骤

一、临沂陶瓷产业发展目标

（一）总体目标

坚持全球视野、国际标准、差异化定位，立足于区域集群发展、错位发展，以大物流概念，构建"泛临沂区域陶瓷产业群"，通过打造总部经济模式和搭建"一带一路"国际大通道，争取到2030年，发展成为绿色、环保、智能化，生产技术设备达到国际一流水平，辐射长江以北省市，并出口到"一带一路"合作伙伴的"千亿陶瓷产业集群"，成为名副其实的北方瓷都、"一带一路"陶瓷总部基地、中日韩自贸区陶瓷片区、北方陶瓷物流中心。

(二)具体目标

"357115"目标(3个过50亿、7个过10亿、10个过5亿的骨干企业、本地陶瓷企业产值突破300亿元),引导有实力、有意愿的企业共同组建产业集团。积极推动企业上市,走资本运作之路,发展上市公司3家以上。打造国家级品牌5个以上、省级品牌20个以上。培育国家级高新技术企业2家、省级高新技术企业10家以上。日用陶瓷、艺术陶瓷、特种陶瓷均形成区域特色产业板块。具体见表5-1。

表5-1 临沂陶瓷产业发展总体目标一览表

总体目标	目标详解
产业升级,载体高度集聚	(1)培育和引进一批具有较强创新能力的陶瓷企业工程技术中心
	(2)搭建一个具有国内先进水平的陶瓷工程技术创新公共平台
高层次陶瓷专业化人才大量集聚	(1)引进一批高层次的陶瓷专业人才
	(2)吸引一批创新能力强的科研团队
	(3)培育和引进一批具有长远战略眼光的企业家
	(4)构建完善的"高层次人才服务政策体系"
产业升级成效显著	(1)陶瓷企业技改成效显著,生产自动化、智能化迈上新台阶
	(2)科技创新成果产业化,新型陶瓷产品成为产业新的核心增长点
	(3)培育出一批居行业领先地位的陶瓷领军企业,打造知名品牌,引领技术创新
产业向高端快速发展	(1)陶瓷产业发展呈现知识密集、技术密集型特征
	(2)陶瓷创意产业快速发展

通过该规划周期的建设和发展,实现临沂陶瓷产业升级和载体高度集聚、高层次陶瓷专业化人才大量集聚、产业升级成效显著、产业向集群化高端快速发展,临沂本土陶瓷产业总产值超300亿元,苏、鲁、豫、皖等"泛临沂区"陶瓷产业平台物流总产值过千亿元。

二、临沂陶瓷产业发展实施步骤

(一)第一阶段(2018—2019年)

(1) 2018年确定并实施陶瓷企业转型升级方案,明确企业搬迁入园和就地改造标准。2018年底所有陶瓷企业按照区政府印发的转型升级工作方案,完成就地改造任务,并通过区政府验收,搬迁入园的优质企业开工建设,关停淘汰的企业实现市场出清。原有的落后产能、落后的生产方式、落后的产品必须淘汰减量。建立陶瓷产业清洁生产体系。

(2) 2019年上半年确定陶瓷产业园的功能和布局,完成陶瓷转型升级创新示范区(北区、南区)控制性详细规划;全面启动陶瓷转型升级示范区(南区)、陶瓷研发创新示范区(北区)开工建设。启动与景德镇陶瓷大学等高校和科研机构的战略合作,实施企业家素质提升工程,中国陶瓷行业商学院成立并开班,陶瓷企业高管接受培训率100%。完成"中日韩自贸区"临沂陶瓷片区规划和申报咨询工作。

(3) 2019年建立完善园区运行管理机制,全面引导园区内企业达标升级、园区外企业入园,入园企业数量占比超过90%。年底园区基础建设基本完成,重点完成陶瓷观光大道、集中煤制气工程和天然气输送工程建设,所有搬迁入园的企业竣工达产。所有企业达到《山东省区域性大气污染物综合排放标准》(DB37/2376—2019)第四时段重点控制区标准(颗粒物10毫克/立方米、二氧化硫50毫克/立方米、氮氧化物100毫克/立方米)要求。

(4) 启动并完成干法制粉示范项目、陶瓷企业"机器换人"示范项目。

(5) 全面启动临沂区陶瓷品牌发展战略。

(6) 与中国陶瓷工业协会、中国建筑卫生陶瓷协会等单位合作,组织举办首届中国(临沂)"陶瓷+人工智能"发展论坛、中国陶瓷行业资本发展论坛、全球新型陶瓷发展暨"一带一路"发展论坛,临沂作为永久会址。打造临沂陶瓷行业名片。

(二)第二阶段(2020—2023年)

(1) 2020年重点启动园区各平台建设,全面建成陶瓷产品设计创新中心、陶瓷产品检测中心、陶瓷商贸展示中心、陶瓷人才培训中心、陶瓷物流信息中心等产业公共服务平台,完善主要功能区。

(2) 重点招商引资,引进国内排名前十知名品牌企业入驻合作5个以上,并向央企以及美国、日本等国家的世界知名特种陶瓷企业招商。

(3) 引导企业走资本市场之路,着手培育2—3家企业上市。

(4)与景德镇陶瓷大学、湖南醴陵等地陶瓷企业合作,引进工艺陶瓷和特种陶瓷新业态,并启动项目建设。

(5)国家级陶瓷产业转型升级示范区通过审核,集中煤制气、干法制粉、"机器换人"工程运行良好,成为陶瓷行业示范项目。

(6)鼓励引导本土企业走出临沂,通过并购重组、强强联合等手段,把工厂建在省外、国外,打造一批经济实力强、品牌优势明显、发展潜力大,具有自主知识产权、核心竞争力和示范带动作用的龙头企业。在"一带一路"合作伙伴投资建厂,争取有3家以上企业走出去。

(7)积极引进强势企业和优势资本,整合现有产业资源,加快企业的跨越式发展步伐。省外入驻知名品牌陶瓷企业50家以上,交易产值100亿元以上。

(三)第三阶段(2024—2030年)

(1)本土陶瓷企业总产值达到300亿元以上,其中,年产值超50亿元的3家、超10亿元的7家、超5亿元的10家。建筑陶瓷占比60%左右,日用陶瓷、特种陶瓷、文化艺术陶瓷年产值占比40%以上。

(2)建成智慧物流园区,形成北方陶瓷物流中心,陶瓷产业各品类获得较大发展。

(3)建成陶瓷内外贸融合发展示范区,海外设厂(园区)超10家,园区高端产品比重达到60%以上,出口收入占比超过40%。

(4)实现上市公司3家以上,国家级品牌5个以上、省级品牌20个以上,国家级高新技术企业2家、省级高新技术企业10家以上。

(5)建设成为"一带一路"陶瓷总部基地,实现临沂核心区年产值超300亿元,苏、鲁、豫、皖等"泛临沂区"陶瓷物流产值超1000亿元的目标。

(6)形成区域特色品牌"临沂鲁瓷",在全国形成"南有佛山,北有罗庄"的陶瓷产业集群格局。

第四节 临沂陶瓷产业转型模式

一、临沂陶瓷产业转型思路

(一)产区集群化

充分利用山东作为东部发达省份的优势,大力发展生产性服务业,实现临沂由陶瓷产区向陶瓷产业集群升级,产业集群除了包括在一定空间聚集的各类生产性企业,还包括为产区内企业服务的各类相关企业、科研院所、协会、媒体等组织机构。通过区域内生产性陶瓷产业减量化兼并重组,提高精品陶瓷产品比重,全面提高环保标准和产品质量水平。

(二)产业智慧化

推动陶瓷产业数字化、网络化、智能化建设,运用新技术、新管理、新模式,加快陶瓷产业智慧化改造,提升陶瓷相关配套服务业智慧化水平,全面提高产品技术、工艺装备、能效标准,实现价值链向高水平跃升。

(三)产品品牌化

大力实施品牌战略,立足齐鲁文化和新生代的生活方式,打造一批国内外知名陶瓷品牌,实现临沂陶瓷产业向价值链高端攀升。

(四)跨界融合化

顺应产业融合发展趋势,深入实施"互联网+"行动计划,加快陶瓷制造业与互联网融合、陶瓷业与大家居融合,推动陶瓷产业与其他相关行业交叉渗透提档升级,不断衍生新模式、新业态,拓展陶瓷产业发展新空间,实现跨界融合发展。

二、临沂陶瓷产业的转型路径

临沂陶瓷可以从现有的制造环节起步,通过逐步融入全球供应链体系或者加强自行设计研发能力,最终形成具有高附加值的自有品牌。具体路径有A、B两种方式,如图5-2所示。

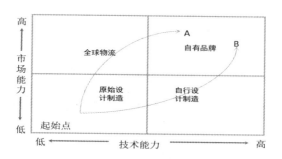

图5-2 陶瓷产业升级路径

(一)A路径

基于越来越严格的环保政策及北方冬季采暖期的排放限制,国内北方的陶瓷生产面临极大困境,应充分利用临沂临近出海口及强大的物流优势,在国家大力推动与东盟国家建立自贸区,国内陶瓷产能向"一带一路"合作伙伴转移的背景下,开拓能力较强的陶瓷企业。利用国内消费迭代、营销模式转换之机,集中精力建设营销通道,培育符合新生代需求的陶瓷品牌,而在生产制造方面则通过全球物流整合海外优势制造资源实现。

(二) B路径

对于在生产技术领域具有优势的制造型企业,建议通过加大设计、研发投入,以创新提升产品档次,增加产品的附加值,以自主品牌及专有技术引领企业转型升级。

第五节 临沂陶瓷产业的空间布局与园区建设

一、临沂陶瓷产业的空间布局原则

(一) 统筹规划原则

统筹规划临沂陶瓷产业转型升级创新示范园的产业布局:一要体现陶瓷产业发展战略规划的科学性和前瞻性,以高起点、高标准规划临沂市陶瓷产业布局,促进陶瓷产业长远发展;二要体现陶瓷产业发展的阶段性,长短结合,逐步开发,控制部分土地资源,预留未来产业发展用地,为临沂市陶瓷产业升级和长远发展留有空间;三要逐步突破行政区划限制,统筹考虑在周边县市域内进行陶瓷产业布局,相关陶瓷生产线向苍山、莒南等县区拓展,形成营销在内、生产在外的产销基地布局,强化产业链式发展,形成区域产业集群。

(二) 功能分区原则

在规划确定的土地利用和空间布局的基础上,以推动各类资源的整合、优化和提升为目标,进一步强化功能分区,实现陶瓷产业之间的协调分布,引导形成连片开发、组团发展、合理分工的空间格局。

(三) 集约开发原则

临沂陶瓷产业转型升级创新示范园的布局应有利于资源,特别是土地资源的集约开发和高效利用。为此,要在功能分区的前提下,依托特色工业园区建设,以建立单位面积投资强度、产值、税收等标准为手段,以产业活动与配套设施的规模化、专业化为支撑,提高资源开发的集约度和综合效率。

(四)集聚发展原则

临沂陶瓷产业转型升级创新示范园的布局,要注重发挥集聚效应在提高生产效率和产业竞争力中的重要作用,走集聚发展的道路。要着重做大做强临沂陶瓷产业,以园区为临沂陶瓷产业集聚的载体,并在园区内进一步培育形成特色功能区,形成方向性更强的产业集聚。在地域上相对集中具有技术和市场联系的企业,节省运输成本和库存成本,共同利用各种公共和辅助生产设施。

(五)全面效益原则

临沂陶瓷产业转型升级创新示范园布局调整优化应有利于综合效益的提高,有利于经济效益、社会效益和生态效益的协调统一。为此,临沂陶瓷产业转型升级创新示范园布局时,一要树立全面的效益观念,坚持在开发中保护,在保护中开发;二要根据产业政策、环保法规,严格项目环境准入,提高土地资源的利用效率。

(六)适度分散原则

把泛罗庄产区陶瓷产业集群放在临沂市、淮海经济圈乃至中原地区的范围内考虑,特别注重与周边地区相衔接,产销互补,立足于建立辐射周边产区的产业集群来设置本园区功能。

二、临沂陶瓷产业园区总体框架

(一)临沂陶瓷产业园区总体空间布局

统筹规划临沂陶瓷产业园总体空间、功能定位和产业布局,可以概括为"一轴、两廊、两片区、四板块、十基地"。

1. 一轴

一轴指中央动力轴,即206国道。

2. 两廊

两廊指连接陶瓷产业园南、北区的全球最长陶瓷文化展示长廊;连接园区和园区外陶瓷特色小镇的陶瓷旅游观光长廊。

(1)陶瓷文化展示长廊:连接陶瓷产业园南区和北区,靠近园区主干道,设计并建设世界最长、最具齐鲁文化特色的"中国陶瓷文化展示长廊"。以步行走廊、交通长廊和标志性建筑物等形式,系统、集中地反映全球和中国陶瓷文化与艺术,体现中国历代名瓷名家,展示齐鲁陶瓷历史渊源和当代陶瓷品牌,以及融合儒家文化、水浒文化、齐鲁文化等历史文化与陶瓷艺术。

（2）陶瓷旅游观光长廊：连接陶瓷产业园和陶瓷小镇，建设建筑陶瓷、日用陶瓷、艺术陶瓷、特种陶瓷旅游观光的长廊。

3. 两片区

两片区指陶瓷研发创新示范区（北区）和陶瓷转型升级示范区（南区）。

（1）陶瓷研发创新示范区（北区）：北至振兴大道、南至傅庄街道陈武庄、东至206国道、西至俄黄路，园区面积约5000亩，其中，主城区11家建陶企业和陶瓷博览城约2200亩。陶瓷研发创新示范区（北区）定位为中高端陶瓷的生产和研发设计、检验检测、品牌孵化、展示、会展、物流、信息服务"七大平台"中心，包括"中国智造陶都"展览馆、艺术陶瓷和特种陶瓷培育发展、"一带一路"陶瓷总部基地（国际交流与合作接待）及休闲旅游观光等。

（2）陶瓷转型升级示范区（南区）：位于傅庄街道临枣高速以南3千米处，东至通达南路、西至新206国道、南至工业北路、北至彭庄路，园区面积约4600亩。陶瓷转型升级示范区（南区）定位为承接主城区14家建陶企业、园外23家企业"退城进园"，实施现有建陶企业改造升级，建设集中煤制气能源中心、干法制粉示范项目。

4. 四板块

四板块指生产区、综合服务区、生活区和仓储物流区。

5. 十大基地

十大基地指陶瓷产业发展新动力基地、传统陶瓷企业改造示范基地、新兴陶瓷产业培育基地、新型建材生产基地、陶瓷产业孵化基地、陶瓷增值服务基地、原料标准化基地、智慧仓储物流基地、产品综合配套基地、高技术陶瓷产业基地。

（二）临沂陶瓷产业园生产区规划

1. 生产区功能定位

生产区主要由园区内陶瓷企业以及与之密切相关的包装、原材料、色釉料、装备供应等上下游企业组成。原则上包括日用陶瓷生产区、艺术陶瓷生产销售区、特种陶瓷生产区、新型建陶生产区、配套产业区（为产业及产品提供配套的上下游企业聚集区）、陶瓷增值服务区（进行陶瓷个性化定制及陶瓷深加工）、陶瓷原料标准化区。

2. 生产区用地原则

（1）由于建筑陶瓷生产线的特殊要求，有的采用长直线型，有的采用非直线型，因此，生产区内的支路可根据实际情况灵活调整，以满足各企业的具体要求。

(2) 在生产区的布局过程中,既要保证建筑陶瓷生产企业得到应有的发展空间,又要灵活合理地搭配配套企业的建设,做到错落有致、"集约高效"利用土地。

(3) 生产区整体结构应顺应现有地形、地貌创造出生态园林式布局模式,做到疏密有致。

3. 生产区建设措施

(1) 对生产区进行规划时应遵循"相对集中、适度分散"的原则,即做好集中与分散的平衡问题。一定的集中度可以发挥集聚效应,但过度集中,会对当地及周边的环境造成破坏,导致当地空气粉尘和氧化物过多,环境无法进行自洁,进而影响当地的水、空气等生态环境。从产业可持续发展的角度而言,这种状况不利于产业的发展。陶瓷企业的过度分散,显然是不经济的,但适度分散就能很好地协调产业发展与自然和谐友好的关系。

(2) 对生产区进行规划时应遵循"梯级分布、产业链相对完整、配套到位"的原则。即在全市乃至中原地区范围内透视产业,准确定位,梯级分布,做到错位发展,以构建点面结合、疏密有致、和谐发展的产业格局。同时,在企业引进方面,处理好建筑陶瓷生产企业和上下游配套企业的比例、建筑陶瓷和其他陶瓷生产企业的比例,适度延伸产业链,发展专业化供应,做到产业链相对完整、配套到位,以提高基地内企业专业化、协作化的水平,从而增强园区产业整体竞争力。

(3) 基地新型建筑陶瓷生产企业在设备上以地下喷淋代替原来的喷雾干燥塔,以达到节水和降低污水处理成本的效果。在能源上,采用多种清洁能源共存的结构以及集中供能模式,一方面引进清洁能源,另一方面采用集中供气,引入净化装置,为企业制造清洁能源。

(4) 保持一定的绿化面积,种植一些对二氧化硫和粉尘有较强吸收能力的植物。

(三) 临沂陶瓷产业园综合服务区规划

1. 综合服务区功能定位

综合服务区主要承担园区产品展贸与总部办公、科技孵化、人员培训、商业金融等配套服务业的工作,为园区产业发展提供智力支持以及为商务活动提供便利服务。

(1) 产品展贸区。此区域占地100亩,位于北区,主要用于展贸区内外企业产品展示、电子商务、商务谈判、销售服务以及对外贸易等活动。

(2) 总部办公区。此区域占地106亩,主要用于区内区外企业总部办公。

(3) 陶瓷产业孵化区。此区域占地300亩,位于南区。科研人员的科技成果经中试后,可进入此区域创业,以降低企业创业的风险和成本,提高企业的成活率和创业成功率。孵化区为创业者提供良好的环境和条件,帮助其将发明和成果尽快转化形成商品进入市场,提供综合服务,帮助新兴的小企业迅速成长并形成规模。

(4)研发区。此区域占地91.13亩,位于北区。研发区是一个由政府主导、基地企业配合,与大专院校、科研院所合作而形成的官、产、学、研相结合的科技研发基地。其主要负责产业公共技术的研发、产品设计、科技成果产业化、产品及原辅材料的检测、科技咨询与服务等,旨在为企业的培育、发展,科技项目的转化,以及产品定位和市场定位创造条件,从而凸显基地以科技为先导的理念,进而使基地更具吸引力,向高层次迈进。

① 陶瓷新材料开发中心,主要进行原料处理、成型、烧成等新工艺、新技术和新装备的研究与开发,实现原料综合利用,开发与应用新型材料、新装饰以及各种添加剂等。

② 产品设计中心,主要是紧跟市场需求,运用先进理念,加大产品造型、装饰等设计力度,开发设计出有一定个性特点的产品,以增加产品的附加值,提升基地建筑陶瓷的竞争力。

③ 检测服务中心,主要是面向基地建筑陶瓷企业开展产品、原材料、装饰材料和辅助材料的检测分析测试,为建筑陶瓷企业进行生产监控和产品销售提供科学公正的检测数据。

④ 大数据中心,主要是建立建筑陶瓷信息网站,为基地内建筑陶瓷企业提供建筑陶瓷生产、科研、发展的最新信息,提供文献、专利、资料等方面的优质服务。

⑤ 培训中心,主要承担基地内企业各类人员培训的工作。具体任务包括:为产业输送熟练的技术工人;积极引导企业开展职业培训,提高中高层人员经营管理水平,提升员工整体素质。

2. 综合服务区用地原则

(1)拥有良好的周边环境和开敞性空间。

(2)集中布局,适度分开。

3. 综合服务区建设

(1)对综合服务区进行规划时应留出适度空间,以便企业能根据自我需要构建自有品牌体验馆。由于园内定位为"一带一路"陶瓷总部,着力引进和培育大型陶瓷企业集团,大型陶瓷企业营销运作能力强、实力充沛,构建集行政办公、产品展示、商务谈判、销售服务、对外贸易于一体的集中化营销中心是其内在需求之一。同时,企业品牌体验馆的构建,整体上也有助于提升园区品位。

（2）研发区的建设可以采用灵活多样的形式，可由政府或基地企业直接投资，也可由政府融资，亦可以股份为纽带，由政府、企业联合大中专院校、科研院所。

在资金来源上，除罗庄区政府出资一部分外，其余的资金缺口可由政府出面向上级政府部门争取科技平台建设资金、科技创新基金等资金。建成后，可为建筑陶瓷企业提供生产技术、生产标准、产品检测、信息共享等服务。

在检测中心的基础上，在政府政策引导下，整合现有技术资源，与高校或研究机构联合，成立临沂建筑陶瓷研发中心。在研发中心的运作模式上，可采取灵活的方式。除组建一支稳定的研发队伍外，还可以采取和专家合作的方式，依托现有的设备条件设立专家工作室。初期工作室的运营可采取政府补贴及扶持的形式，今后逐步向市场化的运营机制过渡。

产品设计中心除了可采取研发中心工作室模式，还可以成立专门的产品设计代理公司。代理公司可以在初期为企业在国内甚至是国际上寻找合适的产品设计公司或个人，为企业提供产品设计服务。

（3）培训中心建设。根据临沂人力资源状况及职业教育现状，培训教育应长短结合，即先在整合临沂现有的职业教育资源的基础上，到有关院所聘请一批教师或聘请企业工程技术人员担任培训中心兼职教师，或与具有陶瓷类专业的大中专院校、科研院所签订协议，不定期开展企业职工培训，以及在劳动管理的职业技能鉴定等方面进行短线培训。随后，逐步过渡到开设机电、热能工程、陶瓷工艺、陶瓷艺术设计、自动控制等陶瓷相关专业，培养以学历教育、获取专业技能证书为主的长线学员。

（四）临沂陶瓷产业园生活区规划

1. 生活区功能定位

生活区主要为园区内企业员工提供一个良好的生活条件，保障员工有良好的工作状态，同时也减少园区内陶瓷企业的运作成本。

2. 生活区用地原则

（1）集中规划，适度分开。

（2）应与基地内商贸区配套区相邻，分享公共设施，减少投资。

（3）南区的生活区尽可能靠近沂堂镇区，利用沂堂镇公共设施。

3. 生活区建设措施

（1）为稳步推进生活区建设，有效发挥其功能，一方面依托沂堂镇区现有资源，另一方面由政府直接投资或融资解决村社农户安置及必要公共设施建设的问题。

（2）基地居住用房由政府直接投资或融资建设、经营管理，或由各企业按统一标准建设。基地过渡性用房由各自企业自行投资,并按统一标准进行相对集中建设。

(3)为减少生产区等的环境影响,提高生活区的环保标准,生活区应做到生态园林化。其一,除必要硬化的混凝土地面外,均须绿化布局,做到不同树形、色彩变化的树种配置,使乔木、灌木、绿篱、花卉、草皮相映成景,丰富美化居住环境。其二,做到乡土树种与引进树种的结合,速生树种与慢生树种的结合,针叶树种与阔叶树种的结合,常绿树种与落叶树种的结合,常绿树和落叶树相结合,乔木和灌木相结合,鲜花争春、绿荫伴夏、彩叶迎秋与松贞伴冬相结合。

(4)在居住区绿化中,为了更好地创造出舒适、卫生、宁静优美的环境,还应适当修建中心花园,配以水景、假山等人文景观。

(五)临沂陶瓷产业园仓储物流区规划

1. 仓储物流区功能定位

仓储物流区主要承担园内企业的原材料、能源、机器设备和产品等仓储与运输工作,以提高物流的效率,降低物流成本,为园区内陶瓷企业的生产经营提供保障措施。

考虑到园区的地理位置及主要运输道路改扩建等现状,建议北区设立物流基地,南区建智能仓储中心。

2. 仓储物流区用地原则

依托园区或市域,综合考虑汽运、水运、铁运等发展情况,立足铁海联运,打造大口岸、大海关构想,划片筹建,实现其有机结合,优势互补,共同发展。

3. 仓储物流区建设措施

(1)引导园区陶瓷企业仓储物流区内集中仓储,构建专业智能仓储中心,以实现市场"社区化",方便客户采购。

(2)通过引进1—2家在国内外有一定影响和规模的物流企业,整合本地资源,在园区规划智能仓储物流区,构建专业货运中心,以实行统一调度、统一配货,提高车辆载货率、实载率,从而降低产品分销成本,提高分销效率。

(3)针对不同的销售区域,采用不同的运输工具,以降低销售中的运输成本。仓储物流区建设应划片筹建,以便实现汽运、铁运、海运三种运输方式的有机结合,多种运输业态并存。

(4)加快信息网络建设,建立陶瓷物流信息中心,并在区域辐射市场重点业务区域和重要城市设立的信息服务网点,运用现代化信息技术支持动态配载,推进行业发展。

(5)建立电子商务中心,通过产品品牌展销、新产品发布与展示、产品质量认证、网上交易配送,吸引国内外建筑陶瓷商家,增强市场辐射能力,打造园区品牌。

(6)建立产品出口交易平台,依托当地保税区和自贸区,争取海关商检等机构入驻园区,大力引进出口贸易企业、专业报关企业、船舶运输企业,为园区企业提供一条龙服务。

三、公共服务平台建设

依托临沂市物流城、临沂陶瓷商城、临沂建材批发市场流通体系,强化产业协同和聚集发展,加速建设临沂技术研发平台、产品展示平台、电商交易平台、智慧物流平台、品牌培育平台、综合服务平台,如表5-2所示。

表5-2 陶瓷产业园重点打造的公共服务平台及其分工表

公共服务平台	具体分工
技术研发平台	此平台由区科技部门牵头,发改、经信和财政部门参与,征求企业和行业协会的意见,制定具体实施方案和费用预算,报区政府办公会审核后执行,此项工作在2019年上半年完成
产品展示平台	此平台由区商务部门牵头,区发改、经信、财政等部门参与,征求企业和社会各界的意见,执行具体方案,报区政府办公会审核后实施,此项工作在2019年上半年完成
电商交易平台	此平台由区商务部门牵头,区发改、经信等部门参与,征求企业和社会各界的意见,出台激励政策,对外进行招商,鼓励企业设立企业自有电商平台。采取政府购买服务或PPP等模式,探索建设陶瓷产业园公共服务电商平台的方案和路径等。此项工作在2021年前完成
智慧物流平台	此平台由区发改、经信、交通等部门联合,研究并制定智慧物流平台的建设方案,经审核后,对外招商和实施,此项工作在2020年底前完成
品牌培育平台	此平台由临沂陶瓷协会牵头,区发改、经信、宣传等部门参与,引进行业骨干企业,联合研究并制定具体实施方案,选择重点培育的品牌和产品,形成品牌策划和推广组织机制,并有序推广。品牌建设与推广方案编制工作在2019年底前完成
综合服务平台	此平台由临沂陶瓷协会牵头,区发改、经信、财政、商务等部门参与,制订园区人才、律师、金融等中介服务机构的建设和引进计划,并分工实施

(一)技术研发平台

以陶瓷产业园北区为聚集区,以陶瓷产业聚集和新兴产业拓展为目标,与国内外科研机构、高等院校等共同打造总部基地研发中心,全面服务泛罗庄陶瓷产业圈陶瓷企业研发创新,持续推动最新陶瓷技术研发成果转化、中试,构建区域陶瓷产业高端研发服务平台。

(二)产品展示平台

在陶瓷产业园北区和现有陶瓷展示交易区,高标准建设企业品牌展示区、龙头企业特色展示区、陶瓷小镇展示区、陶瓷文化展示区以及陶瓷博物馆等。

(三)电商交易平台

采取政府引导、市场化运作的方式,在陶瓷产业园区,完善产品展示与营销服务体系,引导企业发展行业电子商务平台,提高企业供应链协同水平,推动第三方电子商务平台向网上交易、加工配送、技术服务、支付结算、供应链金融、大数据分析等综合服务延伸,建成有国际影响力和陶瓷行业定价权的国际采购服务平台。

(四)智慧物流平台

以服务临沂市陶瓷产业为目标,统筹本地木材、水泥和不锈钢等建材产品的营销与物流需求,建设智慧物流基地、综合性第四方仓储物流服务平台。打造服务全球陶瓷产品营销和订单管理的智慧物流信息和综合服务平台。

(五)品牌培育平台

实施"1+N"品牌塑造计划。成立临沂品牌建设领导小组,制订品牌塑造行动计划。以"临沂陶瓷"为重点培育的区域品牌(即"1"),选择多家优势企业和优质产品(即"N"),进行重点品牌策划和集中打造,推动临沂陶瓷品牌国际化。

(六)综合服务平台

以临沂陶瓷产业园为聚集区,以产业转型为导向,完善并构建功能完善、高效透明、公开公正的政务云平台,建设国家级陶瓷产品检验检测服务中心,监督检测园区生产排放。强化管理层培训,提高产业园管理水平。

第六节 临沂陶瓷产业转型的十大重点工程

一、打造总部经济模式,建立中国(临沂)陶瓷产业总部基地

坚持全球视野、国际标准和满足陶瓷行业普遍需求,重点借鉴佛山陶瓷十多年前转型经验,高规格建设产品展示中心、研发设计中心、人才培育中心、交易(国

际采购）中心、物流信息中心、品牌孵化中心"六大中心"平台建设，引进国内国际陶瓷知名品牌入驻临沂，发挥临沂物流城的优势，着眼于内、外贸协同发展，全面对标广东佛山，以高档建陶设计、研发和会展营销、陶瓷标准制定和发布、陶瓷文化创意、金融服务、陶瓷技术和产品检测等为重点，积极引进国内外一流陶瓷企业到临沂陶瓷产业园设立技术研发实验室、产品展示展览中心、跨境电商或国际交流服务平台，聚集全球陶瓷企业分支机构或企业总部基地，构建临沂陶瓷物流发展新格局。

全面推进"陶瓷＋互联网"工程，打造陶瓷电商服务平台。目前，电子商务平台的发展还没有很好地解决陶瓷企业的产品配送、设计、安装、维修等售后服务，企业产品难以通过电子商务直达终端。同时，受陶瓷产品的体积特点、物流成本制约等因素影响，电子商务发展缓慢。与阿里巴巴、京东等电商巨头战略合作，建立线上和线下的立体式销售渠道，实现线上线下互动结合，引导企业在阿里巴巴、京东平台开辟销售渠道。

探索建立"跨境电商＋海外仓"模式，建立多语种、高整合能力的跨境电商平台，充分对接国际市场，建立海外仓，突破跨境电商在物流和仓储方面的瓶颈，降低综合成本，提高营销效率。将线上跨境电商服务与线下海外仓管理服务相结合，完善陶瓷进出口物流和售后服务。整合B2B跨境电商和陶瓷产业供应链，促进陶瓷企业和主导产品走出去。打造国内一流的陶瓷产业电子商务服务平台。

陶瓷总部建设工程如表5-3所示。

表5-3 陶瓷总部建设工程表

序号	具体内容
1	实施"互联网＋陶瓷"工程：推进"互联网＋"工程；陶瓷企业从生产型制造向服务型制造转变；加快两化融合标准普及推广；推进陶瓷企业信息技术的集成应用；推广陶瓷企业能源管控中心项目；鼓励建设并使用公共云
2	建设陶瓷总部基地：建立中国（临沂）陶瓷产业总部基地；引进国际知名陶瓷企业、全球顶级技术研发团队；培育和建设国际陶瓷总部基地

二、打造"一带一路"陶瓷总部基地，创建陶瓷内外贸融合示范区

"一带一路"倡议是当前中国最大的对外开放战略。根据临沂市"十三五"发展规划，临沂将打造全国最大的商品交易批发中心、物流分拨调运中心、电商集聚

中心和"一带一路"国际贸易新高地、国际会展经济新高地,全面融入"一带一路",不断拓宽"一带一路"国际物流新通道。目前已在"一带一路"沿线建14个海外仓。临沂陶瓷应顺势走出去,按照全球视野、国际标准,高起点打造国际一流的公共服务平台、信息平台和智慧物流平台,为"泛临沂"陶瓷产业集群陶瓷企业提供高效、优质服务,通过海量资源、信息的聚集,形成北方陶瓷产业集聚区和物流中心,"抱团出海",走向世界。

筹建"全球特种陶瓷产业发展暨'一带一路'国际论坛":罗庄作为永久性论坛会址,搭建区域陶瓷产业,尤其是特种陶瓷、艺术陶瓷招商的载体、平台。

目前全国主要陶瓷产区,如广东佛山、江西景德镇及高安、山东淄博、福建德化、河南内黄、四川夹江、无锡宜兴、湖南醴陵、河北唐山、沈阳法库等区域,多年来虽围绕当地陶瓷产业的发展举办各类陶瓷论坛或博览会,不断进行各种招商活动,但尚没有举办特种陶瓷论坛。特种陶瓷作为陶瓷业未来的发展趋势,具有非常广阔的市场前景,临沂除了做好建筑陶瓷的转型升级外,可在特种陶瓷上发力,广泛建立与国内国际各大陶瓷科研院所的合作关系,提供陶瓷科研成果产业化的机会,形成新的陶瓷特色产业带。

国际陶瓷合作平台建设工程如表5-4所示。

表5-4 国际陶瓷合作平台建设工程表

序号	具体内容
1	"一带一路"倡议:推动陶瓷产业的国际化;建立"跨境电商+海外仓"模式
2	拓展海外市场:探索海外设厂模式;建立海外仓储地;海外陶瓷产业园
3	"一带一路"文化商贸:国际陶瓷技术研讨会;"一带一路"齐鲁陶瓷研讨会;"一带一路"国际陶瓷产品博览会

三、创建国家级陶瓷研发中心及监督检验中心,打造区域共享平台

(一)建立"国家日用及建筑陶瓷工程技术研究中心"分中心

与景德镇陶瓷大学战略合作,建立"国家日用及建筑陶瓷工程技术研究中心"分中心,探索创新成果规模化项目、研发技术成果产业化项目、国内外创新成果转移项目等承载基地以及陶瓷技术研发、创意设计产业孵化基地建设。

（二）构建高端产学研一体化平台

根据中华人民共和国工业和信息化部、山东省工业和信息化厅关于创建"制造业创新中心"的相关文件和部署（《中国制造2025》《制造业创新中心建设工程实施指南（2016—2020年）》《中国制造2025山东行动纲要》等），探索建立与中国科学院上海硅酸盐研究所、北京科技大学等知名院校，以及龙头企业、中国陶瓷工业协会、中国建筑卫生陶瓷协会等多方位战略合作关系，构建高端产学研一体化平台，加快最前沿陶瓷科研技术成果在临沂产业化落地，打造行业影响力和区域辐射力。鼓励支持具备条件的陶瓷企业成立工业设计和技术研发中心，通过组建技术创新联盟等形式加强陶瓷造型设计等交流与合作，加快设计成果转化。

（三）创建国家级陶瓷检验检测平台

强化陶瓷实验室软硬件建设，以提升检验检测服务能力为着力点，遵循"资源整合、推进融合、共赢共享"原则，探索检验检测公共服务平台的运行和管理机制，打造具有地方产业特色的检、政、产、学、研"五位一体"的公共检验检测平台。

重点研发和落地技术如表5-5所示。

表5-5 重点研发和落地技术表

序号	具体内容
1	工艺技术：薄型建筑陶瓷砖（板）生产及应用配套技术，轻量化、节水型卫生陶瓷生产及应用配套技术，工业废弃物综合利用新产品生产技术，卫生陶瓷低压快排水成型技术，高压成型技术
2	原材料及色釉料：低品位原料（如红坯土、页岩等）应用技术，功能3喷墨墨水，抗菌新型坯釉材料等制造技术
3	重大装备：宽体节能窑炉，节能高效多层辊道式干燥器，万吨级压机，大型高效薄板生产线，卫生陶瓷高效成型技术装备，激光打印技术装备
4	自动化及智能化：3D打印模型研发，NC加工技术，智能化生产技术，机器人应用技术，自动储存转运生产线，智能化立体仓储技术

四、实施"人才战略"工程，打造陶瓷行业商学院

美国著名社会思想家乔尔·科特金曾说，知识人群在哪里聚集，财富就在哪里聚集；哪里环境好，精英就在哪里聚集。大量事实证明，高端人才流向哪里，领先科技就出现在哪里。与景德镇陶瓷大学、中国陶瓷工业协会、和君商学院等联手

打造陶瓷商学院,通过邀请专家学者、全国陶瓷企业领袖等来商学院举行会议、论坛、培训等,形成人才集聚效应,助推临沂陶瓷产业板块迅速崛起。

(一)打造企业家培训平台

举办"陶瓷企业总裁班""陶瓷行业高级职业技术人才培训中心",对临沂陶瓷企业高管人员进行常年系统的知识培训,构建"国势+产业+管理+资本"的复合式知识结构,培育具有国际视野、大格局的企业家。并面向全国陶瓷行业开办高管培训班、技术培训班、营销品牌培训班等各种形式的培训,加强创新型研发设计人才、开拓型管理人才和高级技能人才队伍培育,以人才战略推动临沂陶瓷产业迅速崛起。

(二)打造企业综合服务平台

针对临沂陶瓷企业规模偏小、管理体系不健全、专业人才缺乏等短板,陶瓷商学院对临沂所有陶瓷企业集中提供品牌培育、营销培训、技术培训、成本管理、管理咨询、会议策划、项目申报等综合性服务,解决单一企业不方便组织、培训、咨询成本过高,效果不好等问题,尤其要加大本地营销人才、设计人才集中培训力度,解决企业迫切需求。

(三)加强临沂陶瓷协会职能,向平台化、智库化服务转型

依托陶瓷商学院平台,加强与管理咨询、大专院校、科研机构合作,在企业改制、兼并重组、技术创新、拓展市场等方面提供市场信息、企业培训和管理咨询服务;协调解决企业在发展过程中的难题;加大陶瓷产业的对外宣传和招商引资力度;策划筹备各类陶瓷博览会、陶瓷交易会等一定规模的行业会议。

五、打造清洁能源样板工程,撬动陶瓷企业转型升级

影响陶瓷行业发展的关键因素包括房地产、环保、能源。传统陶瓷加工属于高能耗的行业,原料的开采和运输、燃料燃烧、色釉料制作、施釉、使用各种添加剂都会造成一定污染,其中最主要的是大气污染。陶瓷企业面临能源利用转型要求,应从技术升级、产品升级和能源革命三方面着手,其中技术升级和能源革命是重中之重。近几年全国各陶瓷产区地方政府为一步完成节能减排地方考核指标,普遍强制性要求企业"煤改气",但由于全国大部分地区天然气供应不足,无法保证企业的生产需求,而且大大增加了企业生产成本,在目前陶瓷产能严重过剩的情况下,降低了区域品牌市场竞争力。近年来陶瓷产区"煤改气"不乏失败的案例,给企业造成了很大的困扰。临沂陶瓷在环保治理方面处于全国领先水平,赢

得了发展先机,如果能在集中煤制气方面摸索出一套成熟可行的运营模式,创造陶瓷行业能源利用转型成功模式和经验,必将成为全国陶瓷行业环保治理的标杆,通过输出模式或输出技术,提高临沂陶瓷的区域影响力。

具体来说,可以引进中科院国内最先进的第三代新型流化床制气技术,用集中统一制气,代替目前分散制气,从根本上解决分散简陋制气所隐藏的安全、环保风险,并降低企业用气成本。第三代新型流化床制气技术在环保和安全方面有质的保障,在经济上也有一定优势。环保方面,基本解决了传统技术对空气对地下水的污染问题;安全方面,新技术的集成度高、便于监管,安全风险大幅度降低;经济方面,只要达到较大规模,经济性将优于现有技术。同时为保障统一供气,还可以引进与中科院深度合作的央企投资,采用PPP模式建设运营。

六、积极引进推广干法制粉技术,打造行业示范工程

完善和推广建筑陶瓷干法制粉工艺技术,是国家建筑、卫生陶瓷"十三五"规划重点推广的技术之一,中华人民共和国工业和信息化部设专项资金推广应用此项技术。这项技术在意大利等国家已经成熟,目前已在淄博、广东部分产区开始推广。干法制粉技术会像自动压机、自动辊道窑、喷墨打印技术一样在国内发扬光大,谁走在前列,谁将引领行业潮流。

长久以来,陶瓷行业都被冠以"三高"产业,对墙地砖生产而言,原材料的加工环节一直都是污染的源头。目前我国普遍采用的湿法制粉,也就是球磨、喷雾造粒工艺,需要消耗大量土地资源和其他能源,如何从源头节能,一直是陶瓷行业从业者探索的课题,干法制粉就在此背景诞生。2016年被陶瓷行业称为我国干法制粉应用元年,国内有如下企业及科研机构先行先试。

1. 东鹏牵头成立了中国陶瓷干法制粉工程技术中心

东鹏集团联合佛山博晖机电、道氏釉料、中国(淄博)陶瓷总部发起,成立了中国陶瓷干法制粉工程技术中心,并举办了首届干法制粉发展论坛。并联手广东金意陶陶瓷有限公司等12家陶瓷企业签约,共同推广陶瓷干法制粉应用,助力行业转型发展。东鹏集团自2014年2月学习意大利LB公司技术,开始干法制粉生产试验,于2016年1月份成功实现量产,产品优等率达到96.48%,综合节省成本超过21%,减少二氧化碳、二氧化硫及氮氧化合物排放约70%,节水80%,节电30%,节约燃料84%,综合节能效果在78.85%以上。

2. 淄博乐陶仕节能干法制粉技术成功应用

咸阳陶瓷研究设计院与淄博新空间陶瓷有限公司联合成立的淄博乐陶仕节

能科技有限公司成功研发的陶瓷砖干法制粉工艺与装备技术得到成功应用。

3. 佛山部分企业干法制粉技术成功应用

佛山溶州建筑陶瓷二厂有限公司、华南理工大学、合肥水泥研究院、佛山市绿岛环保科技有限公司共同完成的《陶瓷粉料高效节能干法制备技术及成套设备》项目科技成果经过鉴定顺利通过。

4. 山东义科节能采用干法制粉技术

山东义科节能科技股份有限公司在其组建的干法制粉公司采用了干法制粉技术。

5. 全国首个陶瓷原料集中制粉项目签约启动

2017年6月9日,由禅城区南庄镇陶瓷产业促进会发起打造的全国首个陶瓷原料集中制粉项目,在肇庆市德庆县正式签约启动。相比传统湿法制粉,干法制粉去掉了浆石球磨机、喷雾塔环节,至少减少一半的土地使用量,在人力方面,传统湿法制粉需要近60人,干法制粉只需要10人,在土地和人力方面都能节约非常多的成本。使用干法制粉工艺后,可以做到全过程封闭自动化系统,只用电,不用任何燃料,能做到真正的零废气、零粉尘、零污水排放,完全达到了《陶瓷工业污染物排放标准》的各项最新要求。

当然,目前干法制粉工艺推广过程中,原料均化是个难点,如何让十几种、二十几种材料在系统中始终保持稳定,是最难的问题。

七、推广"陶瓷+人工智能"工程,加快企业智能化改造

今后几年是人工智能、物联网勃发时代,各行各业将会加快人工智能改造,随着第四次工业革命来临,智能化生产已成为各行业发展的主流和趋势。

陶瓷制造业属于劳动密集型产业,人力成本消耗巨大。未来的瓷砖生产设备将会全面智能化,实现更多功能、智能化生产,生产制造也更环保。在人力资源成本不断提高的情况下,实现智能化制造、有效减少工人数量、降低人工成本是提高企业效益、促进产业发展的必由之路。重点发展自动化装备,为"互联网＋智能制造"提供坚实的硬件基础。支持数字化建模设备、3D打印、原料加工自动化机械设备、在线数字化检测及自动包装等一系列新装备的换代、转型和升级,以提高陶瓷的自动化水平。全面推行信息化在陶瓷制造各个环节的应用,如应用计算机辅助设计创新研发设计模式,加快产品研发设计与制造工艺系统的综合集成;引进数字化、智能化、网络化特征的自动化控制系统,提高陶瓷自动化成套能力,实现生产过程的实时监测、故障诊断、质量控制和调度优化。2017年以来,以新明珠、

东鹏陶瓷为代表的广东陶瓷企业率先启动了陶瓷智能化改造工程。

八、实施品牌培育工程,打造临沂域品牌

按照"政府做概念、企业做品牌"的思路,加快"临沂制造"向"临沂智造"转变,打响"中国临沂·中国智造陶都"的区域品牌。逐步实现品牌向高端化、功能化、差异化方向发展。鼓励优势企业建立大客户部,与全国知名陶瓷企业、设计机构、设计师建立合作关系,做好与国内外陶瓷产区的对标分析。充分发挥临沂市陶瓷协会的职能,鼓励企业抱团发展,开展贴牌行为专项整治,引导、鼓励建陶企业打造自有品牌。组织企业参加奥运会、世博会、亚运会等大型活动,支持骨干陶瓷企业开拓国际市场,积极参加意大利、西班牙等国际建陶展会,提升临沂陶瓷的国际影响力。

要制定出台品牌发展规划和支持品牌建设的培育政策和措施,尤其是对行业年度考核优秀、业绩突出、市场占有率高、社会反响好的企业,他们作为品牌建设标杆企业应进行重点扶持培育,积极整合现有品牌和创建区域中高端知名品牌;深入开展以政府引导、企业为主体的品牌宣传工作,不断提升品牌价值。同时还要实施"六个一品牌建设工程"。品牌培育工程如表5-6所示。

表5-6 品牌培育工程表

序号	具体内容
1	陶瓷品牌国际化:培育区域品牌和企业品牌,发挥临沂市陶瓷协会的职能,开展建陶行业贴牌行为专项整治,参加国际一流的建陶展会
2	"六个一品牌建设工程":一个办公室,一个母品牌,一家研究院,一个博物馆,一条文化走廊,一个高峰论坛;同步开通国际陶瓷电商营销、全球陶瓷指数发布和产权交易平台

推动陶瓷企业发展需实现以下六大转变。

(1)企业家的观念转变,思路决定出路,树立品牌意识最重要。

(2)企业盈利模式的转变,由卖产品向卖品牌卖文化转变,由制造向智造转变,提高产品附加值,利用新技术、新设备来提高和改变低质、低价的现状。

(3)投资方式的改变,投资软资产与投资硬资产一样重要,加大品牌、展厅、营销、服务等方面的投入,另外向品牌营销上延伸,否则单做制造,产品附加值会很低,长期做贴牌,会很难走远。

(4)扬长避短,实施区域品类战略,做大做强墙砖系列。

(5) 放弃小富即安、各自为战的思想。整合、合作、抱团,打造更多大型企业,船大才能抵御大风大浪。

(6) 政府引导,支持行业转型升级,搭建更多商贸、品牌展示、物流平台、陶瓷会展、国际贸易平台,如重点开展"齐鲁陶瓷国际高峰论坛",如表5-7所示。

表5-7 "齐鲁陶瓷国际高峰论坛"表

论坛名称	齐鲁陶瓷国际高峰论坛
论坛活动	齐鲁陶瓷文化和品牌展示＋陶瓷行业白皮书发布＋全球陶瓷价格指数发布
主办方(初拟)	罗庄区人民政府、中国陶瓷工业协会、中国建筑陶瓷协会、陶瓷信息报社、景德镇陶瓷大学等

九、打造区域金融服务平台,构建区域产业金融服务模式

借鉴广东佛山众陶联供应链模式,打造区域金融创新平台,为泛临沂陶瓷产业圈企业提供供应链金融服务。佛山众陶联,是由东鹏陶瓷、新明珠陶瓷等佛山十五家骨干陶企抱团发展,共同打造的"产业＋互联网＋金融资本"的陶瓷产业链服务平台,已成为广东省供给侧改革的典型、样板,全国各地各行业纷纷前往学习经验。众陶联秉承"众陶联、联众陶、利益大众"的精神,以"产业＋互联网＋金融资本"为核心路径,致力于打造中国最大的陶瓷产业供应链整合服务平台。平台根据陶瓷行业的采购需求及经营特点,积极探索新的交易模式和服务模式,提高服务实体经济的能力。在B2B平台上建立撮合交易、集中采购、源头交易、竞价交易和委托交易五种交易模式和采购模式,形成众陶联供应链平台交易特色。以集中大单采购为基础,在推动完成了陶瓷行业108项物料标准化,推动完成了检测检验标准化,推动了采购商付款标准化的前提下,实现大单采购、阳光采购、品质采购的目的。平台实现虚拟经济与实体经济的有效融合,既抓住产业互联网时代给实体经济带来的新机遇,又从根本上解决降成本、补短板等问题。众陶联供应链平台的发展,靠的就是通过互联网技术与思维有效降低采购价格,同时提升企业的采购效率,推进标准化进程,提升采购质量,又真正为客户创造价值。截至2017年6月13日,参与众陶联供应链平台的企业集团有402个,供应商2112个,服务商155个,加盟企业产值2100亿元,接近中国陶瓷产业48%的份额。2016年6月至2017年6月13日,平台交易流量200.86亿元,实现为采购企业降低成本12.1%。

十、打造智慧园区,构建国际物流发展平台

以智慧产业园建设为目标,依托物联网、云计算、大数据和移动互联网技术,搭建服务陶瓷产业的物流业务、电子政务和增值服务三大系统,形成共建共享的智慧物流平台。按照"先设计总体架构,形成平台体系""分阶段设计业务组件,按平台体系集成"的设计思路进行。智慧物流系统遵循"先子系统、后平台集成""先园区平台、后物流节点""先基础服务、后增值运营"的建设思路具体实施。

布局产业园信息基础设施。部署光纤宽带网、移动通信和无线局域网,建设园区信息化管理中心。增强信息网络综合承载和信息通信集聚辐射能力,提升信息基础设施的服务水平和覆盖率,满足入园企业、居民和商务对网络信息服务质量和容量的要求。

健全园区业务信息支撑体系。规划建设应用支撑系统,完善应用门户集成、应用服务集成、业务流程集成、信息资源集成以及外部接口的集成,保证系统间的交互性和开放性,达到跨操作系统、数据库以及应用软件的三跨能力。强化园区基本信息服务系统,包括公共信息系统、电子商务系统、智慧物流系统、电子政务系统以及智能会展会议系统。创新园区管理系统,重点建设环境监控系统、智能交通管理系统、能源管理系统以及安全生产管理系统。

完善智慧物流园区基础功能。加强物流基础设施的规划协调和功能整合,建立供应链级的管理信息平台。搭建物流基础设施平台,加强物流基础功能建设,开发企业信息共享的物流信息管理软件。完成服务共享的管理功能和辅助决策功能,优化物流信息平台的网上交易功能,逐步建立信息服务中心、管理服务中心、金融服务中心,如表5-8所示。

表5-8 智慧物流平台建设工程表

序号	具体内容
1	信息服务中心是智慧物流园信息平台的基础,陶瓷产业园应该逐步建设基础网络与机房、指挥中心、电子交易大厅、信息发布系统、货运交易信息平台和数据交换中心等信息化建设的基础设施。做好总体规划和设计,保证智慧物流平台的先进性和可扩展性
2	管理服务中心是实现陶瓷产业园区管理的现代化、信息化和智能化的基础保障,逐步建立园区综合管理系统、园区OA系统、园区财务系统、园区资源管理系统、园区门户网站、信用考评评估系统、GPS/GIS/移动视频监控系统、安防监控系统等。管理服务中心在园区正式投入使用后可以正常运行,从而为陶瓷产业园区科学、高效地运行提供保障

续表

序号	具体内容
3	金融服务中心引进银行、信托、基金、期货等金融服务机构,以及各类中介组织,实现对园区内企业的金融扶持和融资引导,把园区和企业绑在一起,实现合作共赢。金融服务中心重点为园区企业提供融资、担保、信用、监管、风险控制、财务征信等服务,同时也为园区带来新的业务模式和税收收入

第七节 临沂陶瓷产业转型的主要任务

一、合理统筹,规划布局

(一)科学规划园区功能

结合陶瓷产业的区位条件,落实临沂市产业转型要求,统筹经济布局、资源条件以及环境承载力,高起点、高标准、高效率地规划建设临沂转型升级产业园。对临沂陶瓷产业园南北两区、区外优势陶瓷企业、临沂市日用陶瓷企业等统筹规划,制定前瞻的产业规划,全面对接临沂市、罗庄区土地利用等规划,实现陶瓷产业发展与生态修复、政府"十三五"规划等的无缝衔接。

(二)合理规划产业布局

合理布局产业园生产、展示交易、研发、生活配套、绿化、仓储物流、原料存储地等功能区,设计产业园主要功能区,做好八通一平等园区配套规划,合理布局园区基础设施项目。制定企业入园的标准,明确入园陶瓷企业的生产、技术工艺、能耗和排放以及园区绿色建筑标准等。完善园区统一制气、统一处理废弃物、统一整治外立面的规划与管理,达到2016年窑炉节能改造规范和《山东省区域性大气污染物综合排放标准》(DB37/2376—2019)第四时段重点控制区标准。

二、加快基础设施建设

(一)改善转型升级环境

按照国家和山东省临沂市的产业政策,高标准地推进园区基础设施建设,动态调整土地规划,明确园区用地指标。加速完成园区内部淘汰工厂清理、市场出清以及生态修复工程。推广政府主导,社会资本参与的道路建设、供水、供电、供气、污水处理等基础设施建设,完成园区综合配套。充分利用财政政策支持,通过财政补助、PPP和社会资本参与等模式,为建设大型集中制气、集中处理废弃物,以及研发、交易、展示等功能区提供支持。

（二）完善园区综合配套

制定符合国家级园区建设标准和操作规范的生产生活配套建设,制定专项规划,进行智慧交通、智慧生活、智慧生产、智慧环保等产业园配套设施的工程立项,搞好道路、通电、通信、有线电视、供水、排水、排污、通气、平整土地等规划,实施供电、供热、供水、污水和废固垃圾处理等重点工程。加强罗庄区和产业园陶瓷广场、小区、停车场、陶瓷街道等综合建设,实施办公楼和厂房墙面、楼内等统一整治行动。改善园区周边和社区生态环境、生活配套条件。引进和聚集战略投资者,加快公共管理服务设施配套建设,在园区周边地区建设城市综合体、科研办公楼、特色商务酒店、陶瓷文化活动中心等配套服务,发挥园区土地的最大效益,打造核心产业聚集区和配套生活区。

（三）加强园区形象建设

抓好园区环境治理,推进节能减排,实现清洁生产,打造美丽园区。实施智慧环保建设工程,逐步提升环保监管水平,推进工业固废综合利用和无害化处置,引进固体废料加工企业,制定园区环保标准和长效运行机制,严管重罚环境违法、违规行为。鼓励陶瓷企业采用先进工艺除尘,加大排水监测和监管力度,建立企业污水排放监控系统,确保所有企业环保达标,倡导绿色工厂建设,建设生态、循环型产业园。

陶瓷产业园重点公共服务建设项目如表5-9所示。

表5-9 陶瓷产业园重点公共服务建设项目表

序号	具体内容
1	园区道路管网建设重点项目:由交通运输部门牵头,发改和财政等部门参与,进行投资测算和招标开发,于2019年底前建设完成
2	园区陶瓷产品展示博览馆重点项目:由发改部门牵头,财政等部门参与,进行投资测算和招标开发,于2018年底前建设完成
3	园区煤制气开发公司及重点建设项目:由发改部门牵头,安监和财政等部门参与,进行投资测算和招标开发,于2019年底前建设完成

续表

序号	具体内容
4	园区固废管理与循环化建设项目:由规划建设部门牵头,发改和财政等部门参与,进行投资测算和招标开发,于2019年底前建设完成
5	园区企业外立面改造项目:由发改部门牵头,经信、环保等部门参与,进行规划编制和方案审核,分批予以实施,并在2018年底前建设完成
6	园区智慧环保建设项目:由发改部门牵头,环保、经信、财政等部门参与,进行立项和方案研讨,对外招标实施,并在2019年底前建设完成
7	园区综合办公楼建设项目:由发改部门牵头,规划、经信、财政等部门参与,进行立项和方案设计,对外招标并开发,预计2019年底前完成

三、聚焦产业发展难点

（一）推动传统产业转型升级

全面支持陶瓷骨干企业转型,实现从单纯提供材料和产品,向提供研发设计、采购物流、营销融资、建设维护和技术支持等一体化服务转变。发展网络制造新型生产方式,形成网络化企业集群。加大设计研发创新力度,开发建筑陶瓷、日用陶瓷产品时尚化、创意化、个性化,实现陶瓷产业由低端陶瓷向高端陶瓷的转型,逐步提高高端陶瓷产能的比重。

（二）培育发展艺术陶瓷,探索发展特种陶瓷

积极引导和引进陶瓷企业投资建设艺术陶瓷和特种陶瓷,推动传统陶瓷向高技术含量、高附加值、低能耗、无污染的现代陶瓷转型。通过培育优势企业率先发展,形成示范带动作用,打造临沂市高端陶瓷生产和研发基地。

（三）扶持龙头企业

实施"扶持一批、转型一批、淘汰一批"战略,增强政府政策指导与提高公共服务水平,采取政府采购等方式,拨付专项财政资金,引进高端智库机构,推动存量企业之间股权合作与资产重组,辅导优势陶瓷企业改善经营管理,强化科技研发与工艺改造,提升市场营销能力,尽快打造5家以上产值过10亿元、创新能力强、管理水平高、产业带动作用明显的品牌企业;鼓励中小陶瓷企业转型发展、差异化竞争,形成一批"专、精、特、优"的特色陶瓷企业;有计划地淘汰产品质量差,原材

料和能耗大,环境影响评价不达标的企业。

(四)构建发展产业链

拓展陶瓷产业范畴和层级,积极推进陶瓷产业链延伸与创新。做强做大陶瓷原料标准化与集约化供应、五金配件、色釉料、窑炉窑具、陶瓷机械等陶瓷配套产业,培育发展电子商务、智慧物流、设计研发、产权交易、技术成果转让、金融服务等生产性服务业。

(五)扶持关停企业重组或产能输出

对已停产、停工,及列入新一批关停名单、即将关停的陶瓷企业,积极争取上级补贴,落实罗庄区财政、土地置换补偿和下岗职工再就业政策。推动小微陶瓷企业通过股权投资、兼并重组等模式,抱团入园发展,构建陶瓷"飞地经济",在亚非等国家或地区构建国际陶瓷产业园或设立陶瓷工厂,实现陶瓷产能输出和再就业,化解产业转型过程中的社会矛盾和利益冲突。

陶瓷产业园重点扶持的优势企业或技术如表5-10所示。

表5-10 陶瓷产业园重点扶持的优势企业或技术表

序号	具体内容
1	重点扶持的优势企业:由区发改部门牵头,经信委、科技和财政部门参与,制定具体名单,报区政府办公会审核,并制定具体扶持方案,分工组织实施。重点扶持企业名单和实施方案,在2018年底前研究并完成
2	重点引进的先进技术和拟投产项目:由区发改部门牵头,区科技、经信委、招商等部门参与,组织召开企业参加的座谈会和交流会,筛选具体技术目录、重大项目计划和企业名单,以及可能引进的先进技术与投资项目,形成具体工作方案,报区委、区政府审议后实施
3	重点打造的骨干项目:由区发改委、经信委、招商等部门联合,组织调研和座谈,与行业内企业、拟招商引资机构对接,确定重点对接的领域,形成项目落地实施计划,并分工予以推进

四、打造区域强势品牌

(一)培育临沂陶瓷区域品牌

基于全球视野,进行陶瓷文化和陶瓷用途的再挖掘、再思考、再提升,剖析齐鲁文化和儒家文化基因,规划并提升齐鲁陶瓷文化的内涵和外延,逐步形成和传播齐鲁陶瓷文化的品牌价值,实现陶瓷与文化,产品与品质的统一、融合与提升。借鉴与学习企业、行业、国家、国际等标准,促进产品升级,积极推进品牌建设和陶瓷文化的深度融合。培养和倡导工匠精神,展示齐鲁陶瓷文化,建设区域品牌和优势企业的产品品牌,引导企业或行业协会制定品牌管理标准与运行体系,培育一批特色鲜明、竞争力强、市场信誉良好的高端品牌。

(二) 推广齐鲁陶瓷文化

研究陶瓷产业和临沂陶瓷的起源,挖掘齐国、鲁国等历史文化和传承基因,充分展示儒家文化、泰山文化、水浒文化等文化特征,用好连接陶瓷产业园的陶瓷文化走廊与陶瓷博物馆等品牌展示平台,采取文化长廊、专业杂志、报纸、电视、新媒体、客户口碑等立体营销策略,规范企业贴牌生产行为,通过抱团发展,政策引导和专业支撑,提升临沂陶瓷产品品牌的影响力。

陶瓷产业强势品牌建设计划如表5-11所示。

表5-11 陶瓷产业强势品牌建设计划表

序号	具体内容
1	区域品牌建设实施方案:由区陶瓷协会牵头,区经信委和财政等部门参与,选择专业机构编制,本项工作在2019年底前完成
2	临沂企业品牌管理与推广:由区发改部门牵头,区商务、经信等部门参与,组织企业进行研讨,并筛选优秀的企业或有潜力的产品品牌,提出企业品牌建设与推广工作方案,经审核后分工实施,并指导企业有序推广。企业品牌的筛选和推广方案等在2019年底前完成
3	齐鲁陶瓷文化挖掘工程:由区发改、经信委、文化等部门联合组织,研究并挖掘齐鲁陶瓷和临沂市传统文化,研究陶瓷产业和齐鲁文化的内涵,以及与陶瓷的关联、文化与产品的融合策略等,并形成用于指导本地区陶瓷产业与文化融合发展的纲领性文件,此项工作在2020年底完成

五、开拓"一带一路"市场

(一) 构建"一带一路"陶瓷总部基地

构建跨境电商、国际会展和海外营销通道,积极拓展国际市场。鼓励和支持陶瓷企业走出去,以资本输出、产业融入、工程服务等,引导骨干生产企业,瞄准"一带一路"合作伙伴和重点地区,实施产能输出和国际交流,培养具有跨国公司管理能力、具备走出去实践的大型陶瓷企业,建设全球营销网络和国际交流平台,推广陶瓷技术的国际交流,逐步构建"一带一路"陶瓷总部基地。

紧跟国际陶瓷技术趋势,对接和引进西班牙、意大利等先进陶瓷工艺和技术,推动高端建筑卫生陶瓷、艺术陶瓷、特种陶瓷等高新技术应用,形成国内一流的陶瓷技术和工艺研发与生产的实验室,构建中美、中意、中欧等陶瓷产业国际合作聚集区,提高临沂陶瓷产业技术研发水平,提高我国陶瓷产业的国际竞争力。

(二)搭建高端国际交流平台

聚焦全球资源,积极与各国政府、城市、国家部委、国际知名陶瓷企业或行业联盟建立合作关系,引进国外先进工艺和生产经验,推动国际品牌运作和产品推广。主动对接"一带一路"倡议,通过陶瓷产品输出,逐步推进陶瓷产业的国际化进程。

(三)设立"一带一路"永久论坛

建立全球特种陶瓷高峰论坛、"一带一路"发展论坛,设立永久会址,培育临沂陶瓷的国内国际影响力,如表5-12所示。

表5-12 陶瓷产业国家化重点工程和计划表

序号	具体内容
1	陶瓷产能输出工程:由区发改牵头,区经信和招商等部门参与,与企业联合座谈、交流,研究并制定临沂陶瓷产业和企业走出去行动计划和具体的实施企业,以及政府出台的优惠扶持政策等。此项工作在2019年底前完成
2	陶瓷实验室建设计划:由区科技部门牵头,发改、经信、财政等部门参与,制定建设重点企业实验室、陶瓷行业实验室和引进国际陶瓷实验室等工作计划及实施方案,提交审核并实施。此项工作在2019年底前完成
3	国际交流论坛和平台建设计划:由区发改部门牵头,区经信、财政、人事组织等部门参与,制定并推进建设中国陶瓷行业商学院、国际陶瓷高峰论坛等,制定工作实施方案,引进合作机构和相关专家。此项工作在2019年底前完成

六、实施清洁生产,促进园区绿色发展

(一)实施低碳发展战略

全面落实《"十三五"生态环境保护规划》,实施绿色、生态化园区改造工程,以技术为支撑,以优势陶瓷企业为主体,以清洁生产为目标,尽快构建绿色陶瓷产业体系,发展绿色产品、引导绿色消费。

(二)优化产业结构和工艺

紧紧围绕优势陶瓷企业转型升级,全面推进传统陶瓷企业的绿色改造,加大先进节能环保技术、工艺和装备的研发力度,大力研发推广陶瓷砖干法制粉、高效清洁煤制气等工艺技术,高效收尘、脱硫、脱氟技术与装备、多种污染物协同治理技术与装备,陶瓷砖薄型化,卫生陶瓷轻量化,水循环利用等技术与装备。

(三)发展循环经济

制定临沂陶瓷产业循环发展规划,确立绿色工厂建设标准,建立绿色评价体系。优化内部产业设计,推动园区产业整合,实现资源高效循环利用。加强能源管理,建立能源计量管理制度,开展清洁生产审核。在保证陶瓷产品质量和生态安全的前提下,提高消纳产业废弃物能力,提高循环化生产水平。

(四)提高节能减排水平

以陶瓷企业转型升级为契机,淘汰落后产能和低端煤气发生炉,推广使用天然气和集中煤制气。加强对陶瓷企业脱硫工艺监测,所有陶瓷企业建设窑炉尾气脱硫设施并投入使用。提升绿色生态水平,开展创建绿色企业、绿色园区活动,加大公共绿地建设力度,提高园区及企业林木绿化率。在园区红线周边200米范围内设立环保缓冲区,栽种防护林,提高环境自净能力。

重点研发与推广的节能减排技术与装备如表5-13所示。

表5-13 重点研发与推广的节能减排技术与装备表

序号	具体内容
1	原料生产:完善和推广建筑陶瓷干法制粉工艺技术,连续球磨工艺技术,扶持建立集中制粉商品化应用示范中心
2	能源:集中清洁煤制气技术与装备,新型高效清洁煤气化(自)净化技术与装备
3	热工设备:窑炉新型燃烧技术,窑炉和喷雾干燥塔能源高效循环利用技术
4	生产工艺:超大规格陶瓷薄板工艺技术,陶瓷砖减薄工艺技术,低温快烧工艺技术,低粉尘作业工艺技术,五金卫浴自动化抛光工艺技术
5	节能减排球磨机、风机等装备节能改造技术,高效收尘、脱硫、脱氟技术与装备,多种污染物协同治理技术与装备

第六章 区位选择视角下云南陶瓷产业演化

第一节 产业区位理论及我国陶瓷产业区位演化

一、资源型产业区位布局

德国经济学家 Thünen(1826)最早对资源型产业区位布局进行了研究,他通过分析不同农产品的运输成本构成,系统地论述了农业的空间布局,形成了农业圈层理论。农业圈层理论论证了即使在自然条件相同的情况下,距离城市中心的距离以及由此导致的运输成本,也会影响农业的生产布局,而寻找最为适合和最佳的农产品生产地点就成为获取最大利润的关键。

二、产业区位理论

Ross(1896)首次提出产业区位理论,他强调地理区位可能给整个产业带来的经济优势,其中包括成本优势。Predohl(1928)与 Marshell(1920)拓展了 Ross 的意见,确定了决定产业区位选择的三个因素:劳动力共享、产品和服务的当地供给以及邻近企业和组织间的知识交流和知识外溢。Weber(1929)随后分析了运输成本、劳动力对区位选择的作用。Isard(1949)把区位理论定义为经济活动的总体空间排列组合,关注投入产出的地理布局以及价格和成本的地理差异。

三、新地理经济学

Krugman(1998)、Fujita 和 Krugman(2004)分析了影响产业集聚和分散的力量,集聚力量主要有市场规模效应、劳动力市场、知识外溢以及外部经济,分散力量主要有不可流动的生产要素、土地租金的上涨、拥挤以及外部不经济等。

四、我国陶瓷产业的区位分布

从实践发展来看,资源丰裕的地区容易发展资源产业,资源的丰裕以及运输成本成为资源型产业选址的关键要素,一个地区产业能否形成集群受多种因素影响,但从根本上体现为地区内企业的区位选择问题。传统陶瓷属于典型的资源性产业,自新石器时代以来,我国土陶烧造遗址遍布大江南北,20世纪末我国建陶产区格局有"三山一海夹两江"的说法。简单来说,"三山"即广东佛山、山东博山(泛指山东)、河北唐山,"一海"即上海(包括江浙地区),"两江"即福建晋江(泛指福建)、四川夹江(泛指四川、重庆)。时至今日,全国所有的省市除西藏和海南外,均有或多或少的陶瓷企业在生产。按照现代大规模工业化生产的经济性要求,建筑陶瓷生产的80%以上的原料需在产区周边100公里范围内取得,关于这一点目前我国国内成规模的产区基本都能满足;而当建筑陶瓷成品运输路径超过1000公里时,运输成本将超过生产成本的50%,因此普通建陶产品的经济销售半径约500公里。靠近市场、生产资源充分或许就是我国这十几年来东陶西进,南陶北上,建陶产区格局由"三山一海夹两江"走向全国各省市的主要原因。

第二节 云南地理位置及其陶瓷产业的发展概况

一、云南地理位置

云南地处我国的西南边陲,是人类文明重要发祥地之一。生活在距今170万年前的云南元谋人,是亚洲截至目前被发现最早的人类先祖。

云南深处内陆是亚洲的地理中心,东与贵州、广西为邻,北与四川、西藏相望,西与缅甸接壤,南与老挝、越南毗连,和东盟、南亚的7个国家相邻,虽然在地理上具有"东连黔桂通沿海,北经川渝进中原,南下越老达泰柬,西接缅甸连印巴"的独特区位优势,但因为地处内陆中心,在海洋经济时代,环云南地区实为中国及世界经济最落后地区。

二、云南陶瓷的历史

云南陶瓷的历史悠久,出现于7000年前的新石器时代。兴起于唐代南昭,华宁的绿白釉、玉溪的青花在云南陶的历史上有重要的地位。云南多元的少数民族文化特色与丰饶的陶土资源，促成了建水紫陶、尼西黑陶、傣族红陶、华宁釉陶、云南青花、丽江金沙陶、永胜瓷器等独具特色的陶瓷种类。

三、云南建筑陶瓷发展概况

（一）云南建筑陶瓷生产情况

截至2022年末，云南省共有建陶生产企业23家，生产线44条，陶瓷砖日产能79.95万平方米，陶瓷瓦日产能102.7万片（件）。玉溪市易门县大椿树工业区聚集了14家陶瓷砖（瓦）生产企业，并形成了颇具规模的陶瓷交易市场。其他建陶企业则零散分布于楚雄、昆明、大理，以及曲靖的师宗、马龙、陆良等地。云南产区建陶企业分布如表6-1所示。

表6-1 云南产区建陶企业分布表

地区	企业数量/家
玉溪	14
曲靖	6
昆明	1
楚雄	1
大理	1
合计	23

2014年以来，全国建陶产能收缩三分之一，仅2021年全国就有200多条生产线退出市场，近几年云南成为全国为数不多仍有新增产能的建陶产区，瓷砖日总产能从2014年的52.1万平方米，增长至2022年的79.95万平方米，增幅达到53.45%。2022年云南产区各建陶品类生产线及产能统计如表6-2所示，2014年、2017年、2020年和2022年云南产区各建陶企业数量、生产线及产能统计如表6-3所示。

表6-2 2022年云南产区各建陶品类生产线及产能统计表

产品类别	生产线数量/条	日总产能/万平方米
抛釉砖	11	24.4
瓷片	7	19.4

续表

产品类别	生产线数量/条	日总产能/万平方米
仿古砖	8	13.95
中板	5	13.2
色砖	2	4
大板	1	3.8
地铺石	1	1.2
陶瓷砖总计	35	79.95
陶瓷瓦(含西瓦、青瓦以及琉璃瓦配件)	9	102.7

表6-3 2014年、2017年、2020年、2022年云南产区各建陶企业数量、生产线及产能统计表

年份	企业数量/家	生产线数量/条	瓷砖日产能/万平方米	陶瓷瓦日产能/万片
2014	15	39	52.1	0
2017	18	33	67.5	42
2020	22	39	78.25	68
2022	23	44	79.95	102.7

(二)云南建陶产业的市场潜力分析

由于云南地理位置特殊,云南建陶市场属于一个相对封闭的市场,本地的陶瓷产品因为高昂的运输成本难以外销,而外地的陶瓷产品除少数对成本不敏感的高档产品外,其他产品也很难打开云南市场。云南建陶企业销售市场基本局限于本省以及广西西部、贵州南部等西南地区。

第三节 云南建水紫陶产业发展现状与存在的问题

一、建水紫陶产业基本情况

(一)建水紫陶的历史与荣誉

建水紫陶历史悠久,据传建水"宋有青瓷、元有青花、明有釉陶、清有紫陶"。

1953年建水紫陶在全国民间工艺品展览会上以独特的烧制技艺获得"中国四大名陶"的称号,2008年建水紫陶烧制技艺被列为第二批国家级非物质文化遗产,2016年建水紫陶被认定为地理标志保护产品,2017年建水紫陶被国家工商总局授予"中国驰名商标",2019年建水县获得"中国紫陶之都·建水"称号,2020年建水紫陶文化产业园区获得国家级文化产业示范园区荣誉称号,2021年建水紫陶文化产业园区获得全国版权示范园区(基地)称号。

(二)建水紫陶的特点

建水紫陶是以刻填和无釉磨光为主要工艺特征的高温泥陶,传统制作工艺可分为泥料制备、手工拉坯、湿坯装饰、雕刻填泥、高温烧制、无釉磨光六大工序。建水紫陶因艺而珍,其品质温润如玉、光洁如镜、声清如磬、质硬如铁,具有良好的透气性,产品无铅、无毒,可广泛运用于日常生活和建筑领域。建水紫陶因文而雅,是一种特殊的文化载体,以陶为纸,可根据不同器型对中国传统的诗文、字画、篆刻艺术或西方绘画、装饰艺术作再次创作而成为一种独特的陶艺传载于世。

(三)建水紫陶的产业规模

2021年,建水紫陶文化产业全年产值达到40.3亿元,相关从业人员近4万人。截至2021年底,全县登记注册的紫陶生产销售企业和个体户达2316户(其中企业394户,个体工商户1922户),紫陶规上企业11户,紫陶电商商户180余户,建有上海交通大学—建水紫陶联合研究中心以及县级专家工作站3个。全县拥有国家级非物质文化遗产项目代表性传承人1名、"大国工匠"1名、"中国陶瓷艺术大师"1名、"中国陶瓷设计艺术师"1名,以及"云南省工艺美术大师"和"云南陶瓷艺术大师"31名、云南省"高层次人才培养支持计划"首席技师9名、云岭技能大师6名、正高级工艺美术师8名、副高级工艺美术师43名、工艺美术师203名、助理工艺美术师657名,获得人社部门技能认定2246名,建水紫陶烧制技艺各级代表性传承人共68名,建水青花烧制技艺县级代表性传承人1名,吸引外来创意设计及工匠创客近千名。

二、建水紫陶产业的SWOT分析

建水紫陶产业SWOT分析如图6-1所示。

优势	机会
1. 资源丰富 2. 富余劳动力多，用工成本低 3. 制作工艺独特 4. 文化厚重久远 5. 绿色能源优势	1. 日益增强的民族自信与文化自信 2. 我国区域经济发展不平衡 3. "双碳"行动的落实 4. 云南"云茶"产业的打造 5. 消费迭代升级
劣势	挑战
1. 产业基础薄弱 2. 本土专业人才匮乏 3. 产品单一、工艺受限 4. 技术创新能力弱 5. 物流成本高	1. 成熟陶瓷产区的威胁 2. 新兴陶瓷产区的崛起 3. 华宁陶瓷产区的打造

图6-1 建水紫陶产业SWOT分析

（一）优势分析

1. 资源丰富

建水陶土原料品种丰富、储量大。据地质部门估算，截至2018年2月，建水县陶土资源储量267337.88万吨，其中村镇压覆资源量21866.80万吨，铁路、公路压覆资源量70625.81万吨，工业园规划区及城镇建设规划区压覆资源量39724.01万吨，水库压覆资源量3942.86万吨，压覆资源量合计136159.48万吨，可开发利用陶土资源量13.12亿吨。按目前每年不到5万吨的使用量再增加10倍，建水陶土还可以使用2000年以上，并且建水周边的石屏、华宁、元谋、宣威均有大量的瓷土资源。

2. 富余劳动力多，用工成本低

云南作为欠发达省份，云南城乡差距大，2021年云南省农村劳动力转移就业总量在1500万人以上，全省农村常住居民人均可支配收入水平长期处于全国倒数位置，2022年云南农村常住居民人均可支配收入14197元。

3. 制作工艺独特

"阴刻阳填、无釉磨光"这一独特工艺，让产区有了唯一性，与其他陶瓷产区进行区分，形成差异化的竞争优势。"阴刻阳填"取材天然五色原矿，无铅、无毒、无添加，符合健康环保的消费要求。

"无釉磨光"让建水紫陶达到既有釉产品的光亮，又保持无釉产品的透气性的效果，使得紫陶器皿储物时内部能恒温、恒湿。

4. 文化厚重久远

建水是中国四大名陶之一，建水紫陶在国内有一定的知名度。建水自唐代以来，有1200余年的建城历史，素有"滇南邹鲁、文献名邦"之美誉，是我国历史文化名城和云南多元文化融合极具代表性的地区之一。建水文化遗产殷实，建水文庙、朝阳楼、朱家花园、团山古村蜚声中外；古桥、古塔、古井、古街等文物古迹星罗棋布。

5. 绿色能源优势

云南是我国绿色能源基地，资源丰富。云南省绿色能源可开发总量2亿千瓦，约占全国的20%；水能资源可开发量9795万千瓦，居全国第二位；风能资源总储量1.23亿千瓦；可利用区域占全省面积的11.5%。同时，云南年均日照时间达2200小时，接收的太阳能能量相当于每年获得731亿吨标准煤。

近几年，南方的广东、浙江、江苏等制造业大省纷纷针对高耗能企业乃至于普通企业实施限电、限产；北方的限电情况更为突出，东北多地出现用电高峰时段突然"拉闸限电"的情况。云南清洁电力占比84.1%，"十三五"期间云南累计外送电1万亿千瓦时，外送总量全国第一，在"十四五"，乃至在"双碳"目标期间，云南绿色能源优势都将成为相关产业发展的推动力量。

（二）劣势分析

1. 产业基础薄弱

近年，尽管建水紫陶产业发展取得较大进步，但还处于产业化的初始阶段，大多数企业还处在起步阶段。企业规模较小，分布零散，以生产和销售类企业为主，生产服务型企业少，产业链不完整，离产业集聚还有较大的距离。

2. 本土专业人才匮乏

建水紫陶由于恢复时间不长，本土的专业人才严重不足，管理、设计、研发乃至技术工人都很短缺。现有陶瓷艺术创作人员的水平参差不齐，大都没有经过美术训练，其文化底子薄，审美标准不高，创新精神不足。电子商务、工业设计、创意设计等高端、高层次人才匮乏，引进较为困难。

3. 产品单一、工艺受限

传统建水紫陶"阴刻阳填、无釉磨光"的工艺让建水紫陶独树一帜，但凡事都有两面性，刻填工艺特别是多道刻填耗时多，生产周期长，很难量产。

无釉磨光可以达到比有釉产品表面硬度高、更加光亮的效果，但无釉磨光的缺点也很明显。一是增加了产品成本，仅这一道工序就让紫陶产品生产成本增加了近30%。二是导致产品不易清洁。陶类产品胎体没有完全玻化，吸水率高,不上釉会导致产品表面容易吸污、不易清洁。吸污会使陶类产品的使用范围受限,因此,紫陶容器不适用于盛装油、酒等液态物体,同时也很难将其作为餐具。三是无釉会影响产品表面的颜料发色,极大影响紫陶产品表面装饰。

由于建水传统紫陶坯体配方中三氧化二铝的含量低,产品的收缩比大,产品的造型能力受到影响,茶壶等小件物品外观不如宜兴紫砂精致硬朗。

4. 技术创新能力弱

目前建水紫陶生产工艺的配方、烧成制度基本还是依靠经验,器型设计大部分要么因袭传统,要么模仿景德镇或宜兴器型,技术水平不高,创新、创意能力不足。

5. 物流成本高

建水位于西南边疆,远离经济发达、人口稠密的东部省份,交通完全依靠陆路运输,物流成本高。

（三）机会分析

1. 日益增强的民族自信与文化自信

十九届五中全会明确提出到2035年建成文化强国,坚守中华文化立场,提炼展示中华文明的精神标识和文化精髓,加快构建中国话语和中国叙事体系,讲好中国故事、传播好中国声音。我国是陶瓷的故乡,陶瓷是承载中华文明的优秀载体,自信的中国人向全世界呈现东方的生活美学少不了陶瓷角色。

2. 我国区域经济发展不平衡

2021年我国人均GDP达到80976元,按年均汇率折算为12551美元,超世界人均GDP水平,接近高收入国家人均水平下限。但我国经济发展依然存在东西、南北的巨大差异。2021年北京人均GDP28494.44美元,上海人均GDP26917美元,江苏人均GDP21270.47美元;而2021年甘肃人均GDP6342.07美元,全国排名倒数第一,云南省2021年人均GDP 8907美元,全国排名倒数第9位,远低于全国的平均水平。地区经济发展的不平衡,劳动密集型产业由发达地区向欠发达地区转移,国内不同经济发展区域的产业分工,都为欠发达地区带来了发展的机会。

3. "双碳"行动的落实

2020年9月,在第七十五届联合国大会一般性辩论上,习近平主席郑重宣布:"中国将提高国家自主贡献力度,采取更加有力的政策和措施,二氧化碳排放力争于2030年前达到峰值,努力争取2060年前实现碳中和。"2021年起,各省份的"能耗双控"政策纷纷出台,每个省、自治区和直辖市都有碳排放的额度。云南省属于碳排放总量、强度双低的省份,控碳工作压力较小。河北、内蒙古、山东等总量、强度双高的省级行政区,控碳工作压力大;江苏、广东、浙江等总量高、强度低的省级行政区,由于排放体量大,控碳工作同样面临挑战。假如各地区碳排放额度达到了警戒线,那么所在的地区就必须开始限制碳的排放。河北、内蒙古、山东、江苏、广东、浙江等省级行政区受限排影响,必将着力调整产业结构,大力降低第二产业的比例,此为云南省的制造业及紫陶产业的发展提供了一定的机会。

4. 云南"云茶"产业的打造

"十四五"期间,云南将继续围绕打造世界一流"绿色食品"牌,大力推进"大产业＋新主体＋新平台"建设,实施"一二三行动",培育"一县一业",努力实现至2025年云茶产业综合产值2000亿元的目标。随着云茶在高质量发展中进一步走向全国和世界,紫陶产业与茶文化产业融合发展为紫陶产业的发展提供了机遇。

5. 消费迭代升级

目前,消费者群落已趋于年轻化,对于陶瓷行业来说也根据"80后""90后"的生活方式、消费特点,制定相应的营销模式。百度大数据统计,"80后""90后"消费人群大约6亿人,其中大约有61.7%的年轻人倾向线上购物。传统零售业务萎缩,互联网的兴起,年轻一代的互联网生活方式的变革,使后发地区陶瓷产业实现弯道超车成为可能。

(四) 威胁分析

1. 成熟陶瓷产区的威胁

建水产区紫陶生产恢复较晚,陶都宜兴、千年瓷都景德镇、中国瓷都潮州、世界瓷都福建德化等日用陶瓷成熟产区经过多年经营,在传统陶瓷领域产业规模、产业配套能力、品牌影响力、技术开发能力等方面都强于建水。

2. 新兴陶瓷产区的崛起

2019年,怀仁市被中国轻工业联合会、中国陶瓷工业协会授予"中国北方日用瓷都"称号。

目前,应县陶瓷产业发展到21家企业,32条生产线,日用陶瓷年产量达10亿件、建筑瓷3300万平方米、工艺瓷4000万件,主要产品有日用陶瓷、礼品陶瓷、工艺美术陶瓷3类,陶瓷上下游产业就业人数2万余人。

3. 华宁陶瓷产区的打造

华宁县按照玉溪市委、市政府"做强陶文化,做大陶产业"的总体部署,按照"以工艺陶打造名片,以建筑陶、日用生活陶做大体量"的发展思路大力发展陶瓷产业。华宁陶的发展,在招商引资、人才资源、矿产资源、市场客户等方面均有可能与建水紫陶产业形成竞争。

三、建水紫陶产业发展存在的问题

1. 紫陶产业总量不大

2021年,建水紫陶产业总产值40.3亿元,还处于起步阶段,与其他主要陶瓷产区相比,差距明显。总产值不到景德镇、德化、潮州等产区的十分之一。

2. 陶瓷龙头企业缺乏

建水紫陶企业规模普遍较小且分布较散,本土企业做强做大动力不足,作坊化明显,绝大多数为小微企业,规模以上企业仅11家,不到紫陶企业总数的0.5%,无上市陶瓷企业。

3. 紫陶企业内部管理落后

总体上,建水县的紫陶产业刚刚起步,大部分紫陶企业管理不规范,生产现场脏、乱、差。

4. 产品结构单一

产品以小件、茶器为主(茶罐、茶壶、茶杯),产品结构单一且同质化现象突出。

5. 建水紫陶产业链不完整

首先供应链前端较弱,规范化、规模化的原、辅材料供应企业少;其次是产业专业化分工不足,生产工具、模具等生产服务环节发育不充分,影响产区的竞争力;最后是企业分散,产业集聚度不高,不利于产业化发展。

第四节　建水紫陶产业转型规划

一、指导思想

以习近平新时代中国特色社会主义思想为指导,深入贯彻党的十九大和十九届二中、三中、四中、五中全会精神,把握新发展阶段、贯彻新发展理念、构建新发展格局,按照省、州党委、政府和县委全方位推动高质量发展的目标要求,以"强产业、立生态"为主线,围绕"做大产业、做响品牌、做精工艺、做强文化"的总体发展思路,实施"平台建设、主体培育、品牌建设、人才引育、科技创新、数字化应用、'陶瓷＋人工智能'、招商引资"八大工程,积极探索"紫陶＋"产业功能,进一步延伸产业链,努力推动建水紫陶产区集群化、产业智能化、产品品牌化、跨界融合化发展,走出一条具有世界意义、中国价值、新时代特征、建水特点的紫陶产业发展新路子,为"中国四大名陶"及其他传统文化产业转型发展提供可推广、可复制的经验。

二、发展原则

（一）坚持政府引导和市场主导相结合

加大政府对于产业发展的引导作用，强化对紫陶产业的支持，综合运用财税、金融等手段，优化产业发展环境，提高产业发展质效。以市场需求为导向，充分发挥市场对于资源的配置效应，把握新生代个性化、时尚化、健康化的陶瓷产业需求新趋势，集聚产业发展关键要素，推动供给和需求更好匹配，实现紫陶产业价值链攀升。

（二）坚持龙头带动与链群推动相结合

以市场为导向，以资本为纽带，以产权为核心，坚持"外引内培"，加快企业兼并、联合重组步伐，培育若干竞争力强、带动作用大的龙头企业集团；优化整合各种资源，引育一批各具特色的"专、精、高、新"的中小企业，延伸产业链。

（三）坚持全面推进和重点突破相结合

实施以增品种、提品质、创品牌为内容的"三品"战略，优化产品品质、提升产品价值、加强品牌建设。推进紫陶产业结构优化调整，做大产业规模，重点围绕文化陶生活化，加快先进技术运用，推进紫陶产业向规模化、智能化、品牌化发展。

（四）坚持对外开放与对内合作相结合

继续强化国际分工与合作，积极引进和借鉴国内外先进技术和管理经验，实现优势互补、产业共兴和合作共赢；积极加强与国内外优势企业的战略合作，重点吸引国内外知名陶瓷企业来建水兴业发展，在资本、技术、人才和市场嫁接等方面取得突破性进展。

（五）坚持守正创新和融合发展相结合

借鉴其他产瓷区生产工艺和装饰技法，积极改进传统工艺，加强新工艺、新产品研发，积极推动紫陶产业数字化、网络化、智能化改造，推广先进机械手、机器人等智能装备在紫陶产业中的应用，做强文化陶、做大生活陶、做新高技术陶，丰富和拓展紫陶文化内涵，促进紫陶与文旅、家居、环保、现代服务等领域的融合创新、产业互动，推动紫陶产业与新兴产业的跨界融合。

三、战略定位

按照"文化陶瓷实用化,生活陶瓷艺术化,日用陶瓷高技术化"的发展思路,做精做优文化紫陶,做大做强生活紫陶,探索发展陶瓷新材料,突出日用陶瓷的功能性诉求,努力将建水打造成"世界紫陶之都",重点围绕"三地一中心"进行打造。

(一)紫陶产业优化升级示范基地

以文化陶瓷为引领,以生活陶瓷为抓手,以高技术陶瓷为突破口,主动谋划产业发展新动能,搭建产业发展的新平台,全力推进全域旅游示范区建设,积极营造创新创业和文化创意氛围,加快产业、人才、文创等要素集聚;讲好建水紫陶故事,打响千年紫陶品牌,积极探索"紫陶+"模式,加快推进建水紫陶文化产业全链条发展、全要素整合及全价值实现;推动"紫陶制作"向"紫陶创造"升级,构建全新生产制造和服务体系,培育壮大新动能,全面促进紫陶产业优化升级,形成紫陶产业高质量发展大格局。

(二)全球紫陶人才集聚高地

支持紫陶协会、紫陶学会和紫陶企业聘请引进国内外书画名家、艺术大师,吸引江苏宜兴、江西景德镇、重庆荣昌、广西钦州等地的陶艺大师到建水参与精品紫陶制作,鼓励支持用人单位通过"人才飞地""研发飞地"等模式招引人才;积极建设国家级、省市级紫陶高技能人才培训基地,吸引有基础、有意愿提升技艺的陶瓷艺人来建水学习,为其提供接触先进制陶理念及技术的机会,积极搭建集创新创造、设计研发、版权保护于一体的综合性平台,充分尊重与保护陶瓷艺人的创作成果;充分依托红河州民族师范学校陶习苑、红河学院紫陶学院等本地教育资源,积极开展校企人才联合培养,构建"学校教师+制瓷大师""陶艺坊+工作室""学生+学徒"双元人才培养模式,推动与更多大院大所、名校名企合作共建高端研发机构,谋划一批引领紫陶产业发展的省重点实验室,建设一批产学研用相结合的专业人才培训基地,培养一支宏大的高素质技能型人才队伍;进一步完善建水紫陶产业引人、育人、用人、留人机制,注重营造宽松自由的创作环境,为来自世界各地的陶瓷艺人交流经验、培养灵感创造条件。

(三)日用陶瓷功能化示范基地

拓展建水紫陶恒温、恒湿功能的应用领域,发掘建水紫陶的新功能,促进建水紫陶与小家电等家居产品的融合,大力发展养生功能陶瓷;强化建水紫陶无釉磨光加工技能,促进无釉磨光技术在高技术陶瓷领域的应用,着力营造高技术陶瓷产业洼地,推动高技术陶瓷的日用化发展,以陶瓷表面加工技术为突破口,培育高技术陶瓷日用化产业集群。

(四)紫陶产品创新创意中心

着力打造涵盖从设计创意到产品落地,从知识产权保护交易到产品渠道营销,从跨界文化交流、展示到设计、研学、教育全链条产业群,将建水发展成一个"建漂"云集、艺术氛围浓厚、商机无限的完善市场,成为吸引大批国内外陶瓷艺术精英的创作乐土,以及高水准艺术陶创意设计、生产加工、展示销售、美学教育及文化交流的聚集区。依托建水良好的地理气候条件和独特的紫陶文化优势,将建水打造成"大理+景德镇",成为"逃离北上广"的创意创业人士的栖息家园。

四、产业定位

(一)转型发展文化陶

以文化紫陶为产业引领,加大建水紫陶"非遗"保护的力度,鼓励有潜力的文化陶企业及工作室做精做优,通过高端的文化紫陶扩大建水紫陶的影响力。对于数量众多的普通的文化陶工作室,按照"艺术陶生活化"的原则,鼓励其转型提升,入园聚集发展,做大做强。

(二)整合发展生活陶

利用建水优质的原材料、丰富的劳动力资源,结合建水紫陶诸多的功能优势,整合各方资源,按照"生活陶功能化"的原则,开发抗菌、耐磨、耐污、防滑、保温等功能型或复合型产品。加快紫陶产业转型升级步伐,实现生活化、低碳化、规模化、聚集化、品牌化和国际化。

(三)探索发展高技术陶瓷

高技术陶瓷在国内尚没有形成大的区域产业隆起带,主要停留在佛山、景德镇、上海、西安等地的科研院所实验室,目前国内江苏宜兴、湖南醴陵高技术陶瓷发展已实现产业化,以电瓷、工程陶瓷、陶瓷新材料等品类为主。建议建水把高技术陶瓷产业作为差异化战略进行培植,设立高技术陶瓷产业片区,产品开发可同高等院校及各研究所合作,以工业陶瓷、功能陶瓷,如耐热陶瓷、抗菌陶瓷、环保陶瓷、航空航天陶瓷、纳米材料、精细化工材料等为主,广泛地应用于工业制造、能源、航空航天、交通、军事及消费品制造等领域。切入点可考虑将高技术陶瓷与建水现有紫陶相结合,进一步突出现有紫陶产品的功能性。

(四)融合发展陶瓷文化旅游

景德镇正成为新的"大理",做陶是新的禅修,大有代替冥想、瑜伽之势,成为都市青年找回内心秩序的修行。如今,"游学"比"躺平"更受大城市年轻人喜欢,千年建水可以是景德镇+大理的合体,建水既有更胜于大理的宜人旅居环境,又有千年的紫陶文化,到建水做陶可以让那些逃离北上广"找寻自我"之旅的人有舒适、惬意的落点。充分利用云南丰富的旅游资源和建水厚重的制陶历史文化资源,积极发展古城茶陶文化游,打造一批体现建水独特文化魅力的标杆式旅游项目,培育研学体验游、康养体育游、健身休闲游、山地户外游、乡村民宿游等旅游新业态,形成紫陶产业与文化旅游相互促进、共同发展的局面。

(五)发展陶瓷装备产业

由于我国日用陶瓷行业长期利润低下,因此陶瓷企业在设备改造方面动力不足。时至今日,我国日用陶瓷生产设备大多数还处在机械控制的半自动化阶段,离数字化和智能化还有很大的距离。随着以大批量、低成本取胜的劳动密集型产业外迁,中国日用陶瓷行业将保留的是小批量、定制化的柔性制造系统。满足个性化定制的数字化、智能化柔性生产设备是中国日用陶瓷装备未来的发展方向,建水的"小云科技"在这方面有一定的基础,可对"小云科技"进行适当扶持培育;对其他从事个性化定制装备的企业,如将生产数字化成型设备、工业微波炉、多维雕刻、多维彩绘等智能装备的制造企业适时引到建水安家落户,以促进紫陶产业的发展。

五、发展目标

(一)总体目标

根据建水县紫陶产业现有规模和发展现状,至2025年,紫陶产业全产业链总产值可力争突破100亿元,规上企业主营业务收入达到60亿元、增加值达到40亿元,实现税收3亿元,基本形成紫陶文化保护传承、紫陶产业创新发展、紫陶贸易和文化交流合作的体系,初步具备汇聚国内外优秀紫陶人才的平台功能,紫陶文化和旅游业深度融合效果显著;至2035年,紫陶产业全产业链总产值达300亿元、规上企业主营业务收入达200亿元、增加值达100亿元,实现税收8亿元。绿色高效、体系完备的创新型现代紫陶产业体系和"生活陶和高技术陶两翼齐飞"全新格局全面形成,"紫陶+"产业深度融合,紫陶贸易国内领先,紫陶文化国际影响力全面提升,"世界紫陶之都"引领效应进一步增强,以紫陶文化为引领,生化陶为抓手,高技术陶为突破口,陶文旅融合、陶瓷装备为补充,紫陶制造服务和产业配套为保障的规模与效益并重、优质产品与优势品牌并行的现代紫陶产业链群基本形成。

(二)具体目标

1. 产业规模进一步壮大

到2025年,紫陶产业全产业链总产值力争达到100亿元,紫陶产业实现超常规发展,规模以上企业超过30家,其中,年产值超5000万元的企业5家、3000万—5000万元的企业10家,注册登记生产销售企业和个体户总数达到3500家,辐射带动紫陶相关从业人员总数达到8万人,实现翻番;到2035年,紫陶产业全产业链总产值力争达到300亿元,实现税收8亿元,规模以上企业力争突破120家,其中,年产值1亿元以上的企业超30家,力争上市企业1—2家,注册登记生产销售企业和个体户总数达到8000家,辐射带动紫陶相关从业人员总数达到15万人。

2. 产业结构进一步优化

至2025年,艺术陶地位持续提升,日用陶、文化陶规模得到扩大,紫陶产业与文化旅游产业融合发展基本形成,原辅材料制备标准化基本实现;至2035年,功能陶的市场影响力进一步增强,高技术陶和生化陶实现两翼齐飞,紫陶产业与文化旅游产业全方位、深层次融合全面形成,原辅材料制备标准化全面实现。紫陶产业链健全,产业集群成为创新型集群,紫陶产品结构均衡,产业规模和效益达到国内行业领先。

3. 创新能力显著提升

产业科技服务体系更加健全,科技成果转化进程加快,新产品和高端产品研发力度加大,到2025年,企业研发投入占主营业务收入2%以上,专利授权量年均增长15%以上,紫陶新产品占销售收入比重达到50%以上,培育、引进高层次研发、设计团队1—3个,新增省级及以上大师100名,培育、引进各类高层次管理、技术人才1000人;到2035年,行业研发投入占主营业务收入3%以上,专利授权量年均增长20%以上,紫陶新产品占销售收入比重达到60%以上,培育、引进高层次研发、设计团队10个以上,新增国家级大师10名以上、省级及以上大师300名,培育、引进各类高层次管理、技术人才3000人,紫陶制造企业广泛应用数字化智能自动生产设备和数字化技术,优势企业实现信息化管理。

4. 名企名品竞争力显著增强

至2025年,新增3个以上具有国内影响力的名企名品,紫陶产品出口量达到总产量10%以上,拥有20个以上云南省著名商标,培育年主营业务收入超亿元的行业龙头企业1—2家;至2035年,新增10个以上具有国际影响力的名企名品,紫陶产品出口量达到总产量20%以上,拥有50个以上云南省著名商标,培育年主营业务收入超10亿元的行业龙头企业1—2家,年销售收入超亿元的行业头部企业达到10家以上。

5.紫陶历史文化有序传承

形成若干个集产业、文化、旅游为一体的紫陶文化传承发展基地,一批陶瓷传统技艺、历史遗迹、民俗文化等得到有效保护和传承,产业文化含金量显著提升。

建水紫陶产业"十四五"规划及远景发展主要指标如表6-4所示。

表6-4 建水紫陶产业"十四五"规划及远景发展主要指标

类别	指标	2025年	2035年
总体目标	紫陶全产业链总产值	100亿元	300亿元
	规上陶企主营业务收入	60亿元	200亿元
	规上陶企增加值	40亿元	100亿元
	税收	3亿元	8亿元
结构优化	文化紫陶(总产值)	35亿元	70亿元
	生活紫陶(总产值)	40亿元	120亿元
	紫陶原辅材料及装备(总产值)	15亿元	60亿元
	紫陶制造服务(总产值)	10亿元	50亿元
创新能力	企业研发投入占主营业务收入比重	≥2%	≥3%
	专利授权量年均增长	≥15%	≥20%
	紫陶新产品占销售收入比重	≥50%	≥60%
	培育、引进高层次研发、设计团队	1—3个	≥10个
绿色智造	紫陶工业万元增加值能耗	低于全国同行水平	低于全国同行水平
	紫陶工业主要污染物排放总量控制指标	完成上级下达任务	完成上级下达任务
	规上陶企装备数控化率	60%	80%
	固体废弃物综合利用率	90%	100%
竞争力	陶瓷产品出口量占总产量比重	10%	20%
	新增中国驰名商标等国家级荣誉	≥3个	≥10个
	年主营业务收入超5000万元的企业	≥5家	≥50家

第五节　建水紫陶产业转型重点

依托本地特色资源和产业基础,坚持外引与内生培育并举,着力构建以紫陶文化为引领、以生活紫陶为抓手、以高技术紫陶为突破口、以陶瓷文旅融合为补充、以陶瓷装备为衍生发展的创新型紫陶产业体系;大力发展陶瓷新材料,促进"三陶"融合发展,提高传统生活陶瓷的功能化、智能化水平。

一、做精做优文化紫陶

(一)打造高端精品艺术陶瓷

深入挖掘建水紫陶文化底蕴,提炼中国特色美学观念、传统生活智慧等,注重古典视觉元素与代表符号提取,注入建水紫陶艺术陶作品,探索材料、工艺创新,强化跨界融合,提升产品的文化品位、思想高度、艺术境界,打造艺术陶原创精品。坚持高端化发展导向,以中、高端消费人群为目标市场,努力推动艺术陶向国际化、个性化、技术化、时尚化等方向发展。实施艺术家提升工程,鼓励陶艺工作者参评各级各类称号,健全"名师带徒"机制,支持"艺术家+企业""艺术家+创业园""艺术家+电子商务"等发展模式。创新高端定制产品服务,积极开拓私人定制艺术陶业务。

(二)推动传统紫陶与当代艺术结合

积极引导国内外著名陶艺家、书画家、文化艺术名人来建水进行紫陶创作;鼓励传统紫陶的创意设计植入当代艺术潮流,不断提升其在设计界的地位与话语权。支持创意产品申报列入国家文化创意产品扶持计划。引导建水紫陶艺术家在创作中,将传统文化元素融入现代审美,鼓励创作者紧跟时代需求进行创新,不但要从传统的题材中汲取营养,而且要从当代生活中发现新的灵感,以保护传统文化、传统艺术为出发点进行创作,以在传承中创新为途径,发展和振兴建水紫陶,让建水紫陶艺术精品为有识之士收藏,让更多普通建水紫陶产品走进千家万户,成为居家生活必需品等,从而扩展建水紫陶市场,让传统建水紫陶更好地为现代生活所用,为时代所需。

二、做大做强生活紫陶

(一) 构建生活陶瓷产品体系

构建以茶器、花器、餐具、香器等为重点的生活陶瓷产品体系。结合陶器消费需求的变化趋势,以功能多样化、设计多元化等为方向,大力推进日用陶瓷创意化设计,结合木材、金属、玻璃等材料推出复合材料产品,提高日用茶器、花器、餐具、香器等细分领域产品技术含量。

(二) 加快生活陶瓷制造技术智能化转型升级

积极对接实施中国制造2025和"数控一代"示范工程,将现代智能信息技术融入紫陶产业,提升传统紫陶制造模式,加快智能控制、自动化生产线的推广应用。整合技术改造专项资金,推动龙头日用陶瓷生产企业采用新技术、新设备、新工艺和新标准,实施智能化、数字化改造,推进"智能工厂""数字化车间"建设,打造一批日用陶"机器换人"智能化制造示范项目。

(三) 推动生活陶瓷高科技化

进一步强化上海交通大学-建水紫陶联合研究中心和4个县级专家工作站等紫陶科创平台建设,着力推进与中国科学院上海硅酸盐研究所、云南大学、景德镇陶瓷大学等科研院所和高校的合作,通过"科创平台＋"高等院校、设计团队、研发机构等叠加效应,加快建水紫陶恒温恒湿功能科技攻关,大力发展养生功能紫陶,以陶瓷表面加工技术为突破口,加大"无釉磨光"技术在高技术陶瓷领域的应用研究,培育高技术陶瓷日用化产业集群。

(四) 拓展包装紫陶产品种类

加强与国内知名茶类、食品、药类等生产企业的合作,开发相关紫陶包装器具。对接云南千亿茶产业,加强与普洱茶产地合作与交流,联合茶业公司,推出具有唯一识别码的高端限量茶产品。加强包装陶企与本地食用菌、中药材等农副产品生产企业的合作,开发并扩大具有抗菌功能且兼具较高艺术观赏性的包装器具生产。积极探索"陶咖""陶酒"融合等相关产品研发,推动与电子设备公司联合开发具有"建水紫陶"元素的手机、电脑、硬盘等的配套产品。

三、引进发展高技术陶瓷

（一）推动紫陶与先进陶瓷的结合

通过与相关高校和科研院所合作，争取实验室成果来建水孵化，推动新型紫陶在污水处理、废气处理成套装置上的应用。

（二）推动环保型新墙体材料开发和利用

加大利用陶瓷尾矿、铝厂废弃物等生产轻质发泡陶瓷隔墙板及保温板材的生产线和工艺装备技术的开发与应用，积极引进国内外大型陶瓷企业来建水投资开发，发展陶瓷新材料。

四、推进陶文旅深度融合

（一）构建紫陶文化旅游新机制

整合建水紫陶文化旅游资源，试行文物保护资产"所有权、管理权、经营权"分离，支持旅游景区围绕紫陶文化实施提升计划，加速紫陶文化资源、文化要素向旅游产品转化。探索实行重点旅游项目供地新途径，促进紫陶工业旅游发展。培育壮大旅游市场主体，坚持把紫陶元素融入各景区景点，形成紫陶产业与文化旅游相互促进、共同发展的局面。

（二）开发紫陶文化旅游新产品

坚持紫陶产业与文化旅游相结合，大力推动碗窑老村风貌提升改造、紫陶百工坊等相关项目建设，打造紫陶文化旅游精品区。利用工业遗产资源，开发具有生产流程体验、历史人文与科普教育、特色产品推广等功能的工业旅游项目，打造具有地域和行业特色的工业旅游线路，研发具有鲜明地域特色的工业旅游产品。加强特色旅游商品研发，建设一批全国中小学生紫陶文化创意体验和研学实践教育基（营）地。加强特色旅游商品研发，形成紫陶文化与旅游全方位、深层次融合发展格局和特色鲜明、类型多样的文化旅游产品体系。

（三）培育紫陶文化旅游新业态

充分挖掘建水文化、生态资源优势，打造一批体现建水独特文化魅力的标杆式旅游项目，培育研学体验游、康养体育游、健身休闲游、山地户外游、乡村民宿游等旅游新业态。充分利用云南丰富的旅游资源和建水厚重的制陶历史文化资源，积极发展古城茶陶文化游。大力发展建水紫陶街"夜间经济"、蚁工坊文创艺术空间等新业态,积极创建国家文化和旅游消费试点城市、国家夜间文化旅游集聚区、国家文化产业和旅游产业融合发展示范区。引进、创建一批紫陶文化主题酒店和精品民宿,建设一批体验式度假村,挖掘美器、美食,促进美食名吃、演艺、体验娱乐、文化休闲等多元发展,打造美食文化特色街区和夜市。

五、健全生产服务体系

(一)完善紫陶制造服务产业链

以紫陶设计服务为主抓手,抓好"紫陶产业上下游",不断将"触角"向紫陶产品设计、研发、人才培训等上游延伸,以及向紫陶会展、博览交易、检验检测服务、知识产权服务等下游延伸,形成紫陶产业"全产业链"和"全价值链"。

(二)提高物流服务水平

由于云南地处西南边陲,运往内地的物流成本较高。通过紫陶协会打造集仓储、信息交流、运输等多功能于一体的现代物流平台;尝试在国内物流枢纽城市设立异地中转仓。整合现有物流企业和行业龙头骨干企业物流部门,积极引育第三方物流,加强紫陶产业与其他支柱产业的物流整合,鼓励支持制造企业实行主辅分离,降低物流成本。

(三)推动紫陶产业研发与检测能力建设

积极搭建建水紫陶产品质量监督检验平台,提升标准建设、检验检测能力。加大紫陶企业技术中心建设的扶持力度,建成一批省级、市级企业技术中心。搭建科研院校、研发中心与企业之间的沟通合作平台,完善研发机构的组织架构。

(四)稳步发展紫陶产业链金融

深入研究紫陶发展特色,摸清紫陶产业链的"长、宽、高",鼓励商业银行、证券、保险公司等金融保险机构,进一步细分市场、细分客户群,做深做透产业链条,不断开发产业链金融产品。以龙头企业为依托,对产业链上下游的关联企业开展批量化金融服务,实现大、中、小客户整体授信。加强与金融机构、科技公司合作,共建股权融资服务平台,为紫陶初创型、成长型、创新型企业提供"股权+债券"的综合金融服务解决方案。

六、提升产业配套水平

(一)推进陶土资源集约利用

严格执行《建水县陶土资源管理办法》,加强陶土资源保护,确定鼓励、限制、禁止开采的陶土品种和区域,严厉打击私挖盗采陶土资源违法行为。提倡和鼓励先进的陶土开采和使用技术,加强陶瓷原料矿山尾砂、尾矿综合利用,促进资源的合理开发。鼓励支持企业走出去,联合勘探、储备陶土资源,在强化生态保护的基础上建立陶土原料储备基地。鼓励龙头企业联合原辅材料企业共同开发陶土资源,可尝试由县国有平台公司牵头整合多方力量组建建水陶瓷原料矿业集团,优先获得采矿权,开采县域内的陶土矿资源,加大和落实对陶土资源的有效利用和保护,提高资源的利用率。

(二)推动原料、色釉料、模具集中制备

鼓励支持紫陶生产制造企业剥离原料、色釉料、模具制备业务,联合组建原料、色釉料、模具制备企业;加快原料、色釉料、模具制备规模以上企业的引入,推动原料、色釉料制备企业上规模、上水平,解决原料、色釉料、模具制备企业的小、散、品控差、研发能力弱等问题。鼓励支持原料、色釉料、模具制备企业与高等院校、科研院所合作,开展原料、色釉料、模具制备研究,提高原料、色釉料和模具开发能力。

(三)推动紫陶包装产业规模化

针对包装产业小散乱、供应成本较高的短板,积极引导小规模包装企业组成联合体,利用现代科技做大做强。鼓励支持规模以上包装企业加强与紫陶产品制造企业间的充分合作,加大包装设计人才培养,提升产品包装的设计能力和水平,不断改进和创新紫陶产品包装形式,共同提升紫陶产品的附加值。

(四)促进装备制造智能化

积极引进智能装备制造企业,整合紫陶装备研发及制造资源,积极建设一批紫陶机械自动化生产线,落实紫陶自动化生产设备研发与产业化项目,开发智能微波窑炉、微雕刻机、多维雕刻、多维彩绘等技术。制定智能装备指导目录,引导、鼓励推广应用数字化先进技术,积极引进智能装备制造企业,鼓励紫陶制造企业租赁智能制造装备。

第六节　建水紫陶产业布局

一、布局原则

（一）统筹规划原则

统筹规划建水紫陶产业园的产业布局，一要体现陶瓷产业发展战略规划的科学性和前瞻性，高起点、高标准规划建水紫陶产业布局，促进紫陶产业长远发展；二要体现紫陶产业发展的阶段性，长短结合，逐步开发，控制部分土地资源，预留未来产业发展用地，为建水紫陶产业升级和长远发展留有空间；三要按照强链补链的要求，统筹考虑县域内紫陶产业布局，相关陶瓷产业布局在相近的地点，强化产业链式发展，形成产业集群。

（二）功能分区原则

在建水规划确定的土地利用和空间布局的基础上，以推动各类资源的整合、优化和提升为目标，进一步强化功能分区，实现紫陶产业链之间的协调分布，引导形成连片开发、组团发展、合理分工的空间格局。

（三）产业生态系统原则

依据产业生态原则，构建良好的产业生态体系，优先发展关键配套产业，完善"产业化技术中心—孵化器—加速器—产业园"的产业培育链条；紫陶产业生态系统包括紫陶创研系统、制造系统、市场系统、学术系统、政策系统等。

（四）集聚发展原则

建水紫陶产业示范园的布局要注重发挥集聚效应在提高生产效率和产业竞争力中的重要作用，走集聚发展的道路。要着重做大做强建水紫陶产业，以园区为建水紫陶产业集聚的载体，并在园区内进一步培育形成特色功能区，形成方向性更强的产业集聚。将在地域上相对集中且具有技术和市场联系的企业进行整合，节省运输成本和库存成本，共同利用各种公共和辅助生产设施。

（五）产城文旅融合原则

将紫陶产业按照文化创意产业的标准进行打造，文化创意产业是资本密集型的产业，人力资本是产业发展的第一要素，从增强产业人才的幸福感，获得感出发,遵循"15分钟生活圈"原则,按照生产空间、生活空间、生态空间"三生融合"的理念,坚持产、城、文旅结合一体化打造。

二、产业总体布局

建水紫陶产业的总体空间布局为"一极引领、两轮驱动、多点支撑",如图6-2所示。

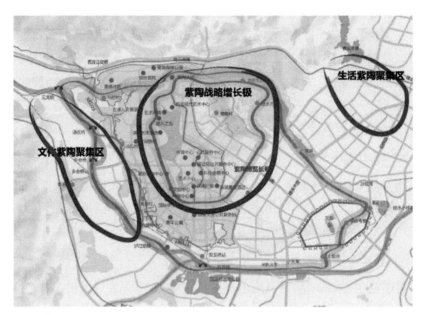

图6-2 建水紫陶产业总体空间布局图

（一）一极引领

"一极"指紫陶战略增长极,包括临安新区的东北部及其紧邻的紫陶文化创意园、紫陶文化街、碗窑村、龙窑生态城。突出紫陶产业发动机功能,强化创新驱动,此区域设有窑火之光博物馆、临安现代艺术中心、科创中心、文创中心、科技会展中心,紫陶名人名坊园,紫陶文化国际论坛永久会址,新材料研发实验中心、检测中心等,是建水紫陶产业发展的动力核,也将成为建水紫陶产业发展的战略增长极。

（二）两轮驱动

"两轮"指生活紫陶和文化紫陶两个产业驱动轮,生活紫陶聚集区和文化紫陶聚集区是全市紫陶产业发展的重要"增量区"。

1. 生活紫陶聚集区

县城东部北起轻工园区,南至云南冶金工校(临安校区),围绕紫陶的机械化、数字化生产,紫陶原辅料,机械装备等形成数字紫陶工业园、紫陶综合服务产业园这两个占地5000亩以上生活紫陶聚集区。

2. 文化紫陶聚集区

县城西部北起见龙桥,南至双龙桥,依托西庄镇历史文化资源和区域内大量的古村落,吸引国内外陶艺家及陶艺爱好者旅居、入驻,着力打造成文化紫陶聚集区以及紫陶文旅融合样板区,实现紫陶与文化、旅游的深度融合。

(三)多点支撑

依据现有的发展基础条件,围绕紫陶产业体系构建,轻云工业园发展高技术陶瓷,羊街工业园发展陶瓷装备制造;依托民族师范、州特校等院校师资力量、文化优势,打造建水紫陶传统技艺人才培养基地;依托红河学院紫陶学院的师资和设备打造研发及检测工作站,解决当前关键项目技术攻关和检测的困难,依托贝山陶庄推动紫陶体验及陶文化旅游的发展。

三、紫陶制造业布局

(一)生活紫陶

以原轻工业园区2期位置的紫陶数字化创新园区为基础打造现代化的生活紫陶生产基地,碗窑村、永祯路、建水大道、西庄等区域机械化生产的生活陶工厂(作坊)逐步向城东的生活紫陶生产基地集聚。

(二)传统紫陶

手工制陶以碗窑村为基础,打造传统紫陶生产传承基地。以现有布点为基准,进行环境整治,提高土地利用率,增加公共空间,形成产业聚集。

(三)文化紫陶

建水紫陶文化创意产业园维持现有规模,引导紫陶大师、紫陶文创企业向西庄及周边聚集(参照样板:景德镇进坑村及三宝村三宝瓷谷),鼓励紫陶名人大师租用民居改造成具有个人风格的满足居家、紫陶制作生产工作室和工坊、私人博物馆、展示销售多方面需要的建筑。

(四)陶瓷原辅材料制备及陶瓷机械装备

紫陶机械装备制造原辅料制备企业布局在通建高速与天猴高速交会区域,陶瓷原辅材料制备企业布置在云南冶金工校(临安校区)周边。

四、紫陶博览交易及紫陶博物馆布局

(一)紫陶博览交易

充分利用临安新区高起点规划的优势,整合建水紫陶节的相关资源,在临安新区规划建设约30亩的紫陶展示交易中心,打造一个全球的国际紫陶交易博览中心。对现有多个紫陶交易市场服从服务城市总体建设目标出发,进行差异化调整规划,赋予其新的特质,针对不同功能区因区制宜地提升改造。建水紫陶文化创意产业园为艺术紫陶的生产、销售区;碗窑村定位为传统紫陶制作展示展贸区;紫陶街为手工紫陶销售区;紫陶里为大师名人紫陶集中展销区(其定位类似于景德镇的名坊园);西庄为紫陶创意产品和艺术衍生品自产自销区,崇文同创产业园定位为青年创业者作品展销区。

(二)紫陶博物馆

推动窑火之光博物馆、临安现代艺术中心建设;支持建水文博馆、建水紫陶博物馆利用馆藏资源开发教育科普、文创、娱乐产品,推出各类文化主题展览、教研活动与文创体验活动;鼓励支持艺术家、企业建设博物馆、美术馆。

第七节　建水紫陶产业升级重点工程

一、平台建设工程

按照园区规划的要求,贯彻产城融合思想,不断推进产业聚集区建设,大力推进紫陶园区建设,加强孵化器打造,扩大陶瓷产业发展新空间。

(一)推进产业聚集区建设

重点推进数字紫陶工业园、紫陶综合服务产业园、西庄紫陶文化产业带三大产业聚集区建设。整合土地、资金等要素资源,为紫陶产业发展提供必要的空间保证,打造数字紫陶工业园、紫陶综合服务产业园,推动紫陶生产企业向数字紫陶工业园集聚,促进紫陶生产企业退城入园;加快紫陶装备制造、紫陶原材料和辅助材料及配套企业等向紫陶综合服务产业园集聚;推动紫陶创意企业向西庄紫陶文化产业带聚集。

(二)完善园区平台功能

推动技术研发平台、品牌培育平台、产品展示平台、电商交易平台、智慧物流平台等公共服务平台、公共配套设施建设。规划建设一批紫陶制造服务、紫陶创意设计等新兴业态融合发展集聚区,保障产业发展空间。

(三)推动孵化器健康发展

支持云南大学、景德镇陶瓷大学、红河州民族师范学院、云南冶金高级技工学校等科研院所建设中试基地、科技企业孵化基地、创新创业孵化基地。利用政府专项债建设一批标准化厂房,打造成为低成本、便利化、开放式的众创空间、工坊。完善孵化器功能,提高孵化服务的能力与水平,建设省级民营企业创新创业基地等创新创业平台。

2021—2025年平台建设工程如表6-5所示。

表6-5 2021—2025年平台建设工程表

序号	具体内容
1	建水紫陶国家级文化产业示范园(数字紫陶工业园)建设项目:规划建设用地702.22亩,其中一期占地面积300亩,一期建筑面积375000平方米(标准化厂房270000平方米、传统工艺生产工坊105000平方米),为节约用地建成多层标准厂房,建成后可作为紫陶产业孵化器、加速器,孵化企业1000家
2	建水紫陶综合服务产业园建设项目:规划建设用地500亩(其中紫陶包装生产基地15亩),做好"七通一平"工作,并建设部分标准化厂房。入驻紫陶包装、装备制造及其他配套企业100家
3	西庄紫陶文化产业带建设项目:利用乡村振兴政策,加大对西庄特色小镇及重点文化村的基础设施建设,为文创企业、"建漂"艺术家的入驻创造条件
4	建水紫陶国际交易博览中心建设项目:规划占地面积30亩,总建筑面积30000平方米,打造一个全球的国际紫陶交易博览中心
5	建水紫陶数字电商智能云赋能中心建设项目:规划建设用地5亩,新建2000平方米集会议、培训、VR数字化展示、抖音直播间、面向国内外市场云平台等功能于一体的数字赋能中心,配置1000个直播间
6	建水紫陶电子商务示范基地项目:规划建设用地20亩,依托本电商基地,整合现有电子商务服务企业搬迁入园,建成集电商(含跨境电商)孵化、办公、仓储、物流及智慧云仓等功能于一体的园区,成为云南省最大的紫陶产品交易平台

续表

序号	具体内容
7	建水陶瓷研发实验室建设项目:规划占地面积40亩,总建筑面积11000平方米,建设陶土材料研究室3000平方米,新成品实验室3000平方米,办公用房4000平方米,服务用房1000平方米,购置研发设备3套,配套基础设施建设
8	建水县紫陶质量监督检测中心建设项目:新建建筑面积12400平方米,建设新型材料研究室,产品质量检测实验室,计量鉴定实验室,实验室辅助用房

二、主体培育工程

按照"众创业、个转企、小升规、强龙头、育集群"的要求,做大做强龙头企业,做优规模以上企业,做活小微企业,培育一批"专、精、特"手工制瓷企业,进一步提升企业可持续创新能力。

(一)做强紫陶龙头企业

制订"龙头企业发展促进计划",坚持"内培外引"相结合。

"内培"方面,制定"紫陶规模以上企业成长计划"及"奖励办法",健全规模以上企业扶持机制,加强规上企业动态跟踪服务,在高新技术企业认定、创新平台建设、企业研发投入补贴、人才培养与引进、新技术新装备引进、金融服务、用地保障等方面给予重点支持。鼓励引导紫陶规上企业建立健全现代企业制度,拓展国际化视野,树立市场化理念,养成互联网思维。支持第三方咨询机构开展培训、辅导服务,从源头推动小企业向规模以上企业发展。

"外引"方面,抢抓国内外陶瓷产业转移机遇,瞄准国内国际知名企业,着力引进关联度大的龙头型、带动力强的基地型、产业链长的综合型项目,重点引进大企业集团生产及研发中心,积极争取行业知名大型陶瓷企业集团在建水布局。

(二)做特紫陶小微企业

鼓励支持小微企业坚持特色发展,引导小微企业强化工匠精神培育,不断提升品质品位。支持小微企业提升个性化、多元化、定制化能力。引导鼓励设计师创设工作室品牌,以工作室品牌为核心资源,实现小微企业聚合发展。推进扶持小微企业发展的服务机制建设,完善扶持小微企业的政策体系,提高服务质量。

2021—2025年主体培育工程如表6-6所示。

表6-6　2021—2025年主体培育工程表

序号	具体内容
1	生活紫陶企业培育：引进、培育生活紫陶规模以上企业10家，其中年产值5000万元以上企业1—2家；推动电饭煲、电热煲紫陶内胆的产业化，积极引入家电龙头企业，促进"融创"小家电项目落地建水
2	培育有潜力的文化紫陶企业达到规模以上5家
3	培育、引进原料加工规模以上企业1—2家；引进和培育专门从事紫陶坯体生产及销售的企业6—8家；培育、引进从事搭烧的烧成企业5—6家；促成紫陶生产各工序的市场化，带动建水紫陶产业创新创业的蓬勃发展
4	推动紫陶无釉磨光加工中心建设：推动新建智能化打磨生产线建设，提升传统紫陶整体的生产效率
5	培育、引进紫陶包装材料规模以上企业1—2家；陶瓷装备制造规上企业1—2家；陶瓷制造服务企业1—2家（含创意设计、技术研发、会展、咨询服务等）
6	推动智能化生产示范项目建设——汽锅自动化生产线建设：推动年产100万件，能满足消费者个性化定制需求的汽锅自动化生产线建设，作为建水生活紫陶智能化生产的样板
7	推动陶茶融合产业示范园项目建设：依托云龙山茶、普雄乡古树茶，建设陶茶融合示范区

三、品牌培育工程

按照"政府做概念、企业做品牌"的思路，加快建水紫陶的品牌化。实施"六个一"品牌建设工程（见表6-7），培育"1＋N"品牌培育计划，即培育并规范使用"建水紫陶"区域品牌，推出多个企业品牌或产品品牌。在品牌建设方面推动建水紫陶企业实现以下六大转变。

表6-7　品牌培育工程表

序号	具体内容
1	紫陶品牌国际化：培育区域品牌和企业品牌，发挥建水紫陶协会的职能，借助昆明工艺品博览会举建水紫陶专场
2	"六个一"品牌建设工程：一个办公室，一个母品牌，一家研究院，一个博物馆，一条文化产业带，一个高峰论坛；同步开通紫陶国际电商营销、全球紫陶直播交易平台

续表

序号	具体内容
3	田记窑尚美术馆建设项目：总占地面积3.7亩，包括紫陶博物馆、综合展览馆、紫陶生活馆、陶艺体验中心、多功能厅等

（1）加强传统工艺的保护，明确"建水紫陶"作为原产地商标的使用标准和使用范围，规范"建水紫陶"驰名商标的使用。

（2）非遗产品一定要融入现代人的生活，传统手工艺要实现自主生存及面向未来的可持续发展，必须完成进入生活的现代转化。建水紫陶烧制技艺作为国家级非物质文化遗产，其必须用于生产现代人生活所需的物品，否则该非遗的保护成果就只能停留在博物馆。思路决定出路，紫陶生产企业应该在非遗的背书下创立自己的企业品牌或产品品牌。

（3）企业盈利模式的转变，由营销产品向营销品牌、文化、生活方式等转变，通过加强产品设计，由制造向智造转变，提高产品附加值。

（4）投资方式的改变，投资软资产与投资硬资产一样重要，加大品牌、展厅、营销、服务等方面的投入，向品牌营销上延伸，否则单做制造，会很难走远。

（5）放弃小富即安、小打小闹、各自为战的思想。整合、合作、抱团，做大单个企业规模，船大才能抵御大风大浪。

（6）政府引导，支持行业转型升级，搭建更多会展、商贸、品牌展示、物流平台、国际贸易平台及研发中心，如重点开展"建水紫陶国际高峰论坛"，如表6-8所示。

表6-8 "建水紫陶国际高峰论坛"表

论坛名称	建水紫陶国际高峰论坛
论坛活动	建水紫陶文化和品牌展示＋陶瓷行业白皮书发布＋全球日用陶瓷价格指数发布
主办方（初拟）	建水县人民政府、中国陶瓷工业协会、陶瓷信息报社、景德镇陶瓷大学等

四、人才引育工程

全面落实招才引智政策，不断优化人才成长环境，全力推进企业家队伍建设，加快高层次人才培养，加快紫陶文化人才建设，加强技能型人才培养，如表6-9所示。

表6-9　2021—2025年人才引育工程表

序号	具体内容
1	紫陶学院搬迁工程:积极对接红河学院下属紫陶学院的搬迁工作,打造建水紫陶人才培养基地
2	建水紫陶文化职业教育实训基地建设:项目规划用地25.79亩,主要建设教学实训基地5000平方米,包括教学楼1栋、拉坯成型室15间、工作室10个、展厅1个,以及仓储及配套用房等
3	建成院士工作站、专家工作站或创新基地10个,建成中小企业研究生创新实践基地30个
4	手工制瓷技艺代表性传承人达100人以上
5	建成高层次人才信息库和人才需求信息发布平台,定期召开建水籍高层次人才对接会
6	试点紫陶企业科技特派员,科技特派员总量达到50人
7	建立首席设计师、工艺技师制度
8	出台紫陶领域专业技术、技能人才评价办法
9	推行"星期六工程师""候鸟工程师""季度专家"等
10	开设"星期六学堂"

(一) 优化人才成长环境

设立涉及范围广、社会影响力大的县级人才奖项,加大奖励、激励的投入。优化人才服务体系,畅通紫陶人才引进、培育、使用、创业、科技立项、成果鉴定、专利认定与保护、工作生活配套服务保障等"绿色通道"。积极推荐有贡献的紫陶人才进入国家与省人才计划人选,引导鼓励支持紫陶人才参与政治、经济、社会活动,献计献策。

(二) 全力推进企业家队伍建设

进一步推动紫陶企业家精神培育,鼓励引导树立现代企业管理理念,强化创新创业创意意识;搭建企业家国际国内学习交流平台,有组织、有计划、分层次开展企业家素质、能力提升培训活动;发挥紫陶企业家联合会、紫陶行业协会、紫陶研究会等组织作用,搭建常态化的交流沟通合作平台;引导鼓励支持企业家参与社会及公益活动,树立企业家社会责任担当意识;依托主流媒体和新媒体,创立专题栏目,开展系列宣传活动,树立企业家先进典型。

(三)加快高层次人才培养

支持景德镇陶瓷大学、云南大学等高校和重点紫陶企业实施重大人才工程,着力发现、培养、聚集战略谋划和科技领军人才。实施"青年才俊"培养计划,打造一支有巨大发展潜力的青年优秀人才队伍,形成支撑创新型紫陶产业发展的人才梯队。

(四)加快紫陶文化人才建设

立足云南省打造文化强省的需要,切实加强紫陶文化理论人才建设,大力培育紫陶文化旅游、紫陶文化艺术评论、紫陶理论研究、紫陶文化传播等领域人才;进一步加强紫陶艺术创作创造人才培养,着力引进世界知名艺术家。

(五)加强技能型人才培养

整合红河州民族师范学院、云南冶金高级技工学校等职业教育资源,鼓励建设"校中厂""厂中校",开展订单式、定向式、定岗式培养。完善师徒传承机制,加强特殊工艺、传统技艺人才培养。鼓励支持企业加强员工技能培训,强化工匠精神培育。

五、科技创新工程

坚持科技创新是高质量发展的核心驱动力,进一步加强企业创新能力建设、夯实科技创新平台,进一步强化知识产权保护与利用、科技成果转化,大力发展数字紫陶,不断提高科技创新能力和水平。

(一)创建紫陶研发平台

与景德镇陶瓷大学战略合作,建立"建水紫陶工程技术研究中心",探索创新成果产业化项目、国内外创新成果转移项目等承载基地,以及紫陶技术研发、创意设计产业孵化基地建设。探索建立与中科院上海硅酸盐研究所、上海交通大学等知名院校以及中国陶瓷工业协会等多方位战略合作关系,构建高端产学研一体化平台"云南省新型陶瓷产业创新中心",加快前沿陶瓷科研成果在建水县产业化落地,打造行业影响力和区域辐射力。鼓励支持具备条件的紫陶企业成立工业设计和技术研发中心,通过组建技术创新联盟等形式加强紫陶创意设计等交流与合作,加快设计成果转化。

(二)创建紫陶检验检测平台

强化紫陶实验室软硬件建设,以提升检验检测服务能力为着力点,遵循"资源整合、推进融合、共赢共享"原则,探索检验检测公共服务平台的运行和管理机制,打造具有地方产业特色的检、政、产、学、研"五位一体"的公共检验检测平台,如表6-10所示。

表6-10 重点研发和落地技术表

序号	具体内容
1	工艺技术:非回转体的自动磨光技术、工业废弃物综合利用新产品生产技术,陶瓷低压快排水成型技术,高压成型技术
2	原材料色釉料:低品位原料应用技术,功能喷墨墨水,功能性新坯釉材料等制造技术
3	重大装备:氢能窑炉,微波干燥与烧成技术,等静压高效成型技术装备,激光打印技术装备
4	自动化及智能化:3D打印模型研发,3D雕刻技术,NC加工技术,智能化生产技术,机器人应用技术,自动储存转运生产线,智能化立体仓储技术

六、原料标准化工程

在紫陶综合服务产业园建立大型原料储备和标准化加工企业为突破口,快速提高当地紫陶生产工艺技术水平。建水紫陶生产企业大多还处于积累经验阶段,为实现由经验式向科学式快速转变,可以从原料规范化、标准化入手。由国资平台公司设立大型原料企业取得县域内陶土资源的开采权,参照景德镇陶源矿业的模式成立大型泥料加工厂,向全县紫陶制造企业供应多种规格的标准化配方的成品紫陶泥料。亦可引进技术实力强的国内泥料加工企业入驻建水,通过机制、体制创新,建成混合所有制合资、合作泥料企业,以泥料企业为龙头,推动紫陶生产科学化进程,如表6-11所示。

表6-11 原材料标准化工程表

序号	具体内容
1	建水县紫陶泥料自动化生产项目:规划占地面积30亩,总建筑面积22000平方米,服务用房4000平方米,泥料加工区11000平方米和泥料销售中心7000平方米,年产标准成品泥料6万吨
2	建水县废弃陶泥料资源化利用项目:占地30亩,建设总建筑面积19500平方米,包含废弃陶料回收加工厂、服务用房及其附属设施

七、"紫陶+人工智能"工程

紫陶制造业属于劳动密集型产业,人力成本消耗巨大,在人力资源成本不断提高的情况下,智能化制造,能有效减少工人数量,降低人工成本,提高企业效益。重点发展自动化装备,为"互联网＋智能制造"提供坚实的硬件基础。支持数字化建模设备、3D打印、原料加工自动化机械设备、在线数字化检测及自动包装等一系列新装备的换代、转型和升级,以提高紫陶的自动化水平。

全面推行信息化在紫陶制造各个环节的应用,如应用计算机辅助设计,创新研发设计模式,加快产品研发设计与制造工艺系统的综合集成;引进数字化、智能化、网络化的自动化控制系统,提高紫陶自动化成套能力,实现生产过程的实时监测、故障诊断、质量控制和调度优化。2017年以来,景德镇市邑山瓷业公司、德化同鑫陶瓷有限公司等率先启动了陶瓷智能化改造工程。

八、招商引资工程

建水紫陶产业能否实现跨越式发展,关键在于招商引资工作能否取得突破。因此,要大胆创新园区的融资开发模式、招商引资模式及策略等,提高园区招商引资的工作成效。

(一)融资开发模式

按照"整体规划、分片推进、基础先行、重点突出"的原则,大胆创新园区建设模式。进一步挖掘和确定一批新的投资主体,拓宽资金来源渠道,扩大投资规模。进一步放宽民间资本和外资的投资领域、范围,鼓励并引导社会资金以独资、合资、合作、联营、特许经营、项目融资等形式,广泛参与园区建设及研发中心、检测中心等项目建设。

深入挖掘园区无形资产,对园区设施的经营权、使用权、管理权等,进行拍卖转让,对一些能获得盈利的园区供水、供电、停车场等全面推向市场,采取"谁投资、谁经营、谁受益"的管理模式,积极吸引社会资金参与园区公共设施建设。

(二)招商引资模式

统一规划、统一建设标准厂房,缩短企业的投入产出周期。统一建设工业厂房,提高土地利用率。吸引房地产商投资标准化厂房建设,拓宽房地产的投资模式(工业地产模式)。明确和突出招商重点,制订并完善重点行业和重点企业引进扶持计划,做好重点产业项目入园建设推进的跟踪服务工作。突出建水紫陶资源型产业的特点,重点引进有资源、有优势和对就业吸纳能力较强的项目。根据建水县实际,瞄准重点区域、重点企业,主动对接,积极推介。2021—2025年招商引资工程如表6-12所示。

表6-12　2021—2025年招商引资工程表

序号	具体内容
1	融创小家电企业的引进落户
2	编制陶瓷产业重大招商项目目录和陶瓷产业链招商目录
3	引进陶瓷新材料企业1—2家
4	引进国内国际知名日用陶瓷企业3—5家
5	引进陶瓷原辅材料制备企业2—3家
6	引进陶瓷装备制造企业2—3家
7	引进创意设计、技术研发、会展、咨询服务等陶瓷制造服务企业10家
8	陶瓷产业战略投资项目20项以上

第八节　建水紫陶产业技术升级

一、智能制造

智能制造是基于新一代信息技术,贯穿设计、生产、管理、服务等制造活动各个环节,具有信息深度自感知、智慧优化自决策、精准控制自执行等功能的先进制造过程、系统与模式的总称。具有以智能工厂为核心,以端到端数据流为基础,以网络互联为支撑等特征,实现智能制造可以缩短产品研制周期,降低资源能源消耗,降低运营成本,提高生产效率,提升产品质量。

智能制造的核心是"制造",智能制造是传统的和新一代信息技术(大数据、物联网、云计算、人工智能等)在制造全生命周期中的应用。智能制造的目标是实现个性化(按需定制)、柔性化、高质量、低能耗的"制造"。

智能制造发展需经历自动化、电气化、信息化、智能化四个阶段。每一阶段都对应着智能制造体系中某一核心环节的不断成熟。就目前而言,我国仍处于"工业2.0"(电气化)的后期阶段,"工业3.0"(信息化)还有待普及,"工业4.0"(智能化)正在探索阶段,制造的自动化和信息化正在逐步布局。

生产方式的不同,决定了一个行业生产力水平的高低。近年来,伴随着《中国制造2025》的出台和老牌工业制造强国德国"工业4.0"概念提出,智能制造的概念炙手可热,成为传统制造业转型升级的强大引擎。

陶瓷智能制造以机器替人、解决招工难、降低劳动力成本、提高生产效率为目标。积极推进智能化装备与制造,实现信息化与自动化的融合,实现个性化柔性定制,是陶瓷行业当下与未来发展的方向与趋势。

(一)陶瓷产业智能制造技术现状

1. 陶瓷产业装备发展历程

改革开放以来,中国陶瓷行业取得了巨大的成就,陶瓷生产方式经历了半机械化、机械化、自动化等阶段,目前正朝着信息化、智能化的方向迈进。

国内陶瓷行业尚处于自动化向信息化转变的过程中,企业的数据采集尚未能将供应链、销售链和生产环节的数据集结打通。智能制造背后若没有大数据支撑,将会面对诸多挑战。

2. 陶瓷产业装备智能化现状

近几年,我国的陶瓷装备制造企业为建陶行业的转型升级不断创新,研发了不少新技术和新装备,如大板生产技术及装备、连续式球磨生产技术及装备、干法制粉生产技术及装备、数字化布料生产技术及装备、节能减排生产技术及装备等,为陶瓷行业的发展提供了技术和装备保障。

陶瓷黑灯工厂代表了陶瓷生产迈向了智能生产水平。目前,数码压机主要是以意大利SYSTEM、SACMI、SITI B&T为代表的西方生产厂家和以中国为代表的恒力泰、科达。SYSTEM采用超大吨位无模框皮带式顶压成型工艺与装备,SACMI采用连续辊压成型工艺与装备,SITI B&T采用超大吨位无模框成型工艺与装备。国内恒力泰、科达均采用传统的压制成型工艺与装备,推出了超大吨位的传统压机,为陶瓷大板设备的国产模式奠定了坚实的基础。

压机、窑炉、喷墨机基本上都实现了国产,连续球磨生产技术及装备应用也在提高。干法制粉生产技术装备近几年开始得到应用,国内已有十几家企业采用该技术。西班牙79%的生产线采用了干法制粉。干法制粉是一种值得推广的工艺,但是不可能完全取代湿法工艺,不同的产品对粉料制备的要求也有差异,干湿两种模式共存,共同发展。数字化布料生产技术及装备近年有了很大进步。节能减排技术及装备也有了长足发展。节能窑炉近几年的发展也比往年大,品质得到了很大提高。正因为有这些技术和装备,为建筑卫生陶瓷行业的发展提供了技术和装备的保证,陶瓷企业有了极大发展。

在产业集群最成熟的佛山产区,各种配套产业的发展在瓷砖制造业的带领下呈现蓬勃发展的势头,尤其是近年来,随着企业转型升级步伐加快,各类机器人纷纷进入瓷砖生产车间,如自动上砖机、自动下砖机、自动储坯机、自动打包机、自动分选机、无人驾驶入库叉车等,这些自动化设备的广泛应用,极大地提高了瓷砖生产水平。

3. 建水紫陶产业智能制造技术现状

建水紫陶是以刻填和无釉磨光为主要工艺特征的高温泥陶,其传统制作工艺可分为六大工序:泥料制备、手工拉坯、湿坯装饰、雕刻填泥、高湿烧制、无釉磨光。目前,建水紫陶产品加工的过程仍处于手工生产、机械化和半自动化生产等各种方式并存阶段,缺乏自动化和智能化的制造技术。

泥料制备的加工过程已基本实现了机械化,采用了球磨机、振动筛、压滤机、真空炼泥机等机械化加工设备,但同时也存在一些问题。第一,并不是所有企业都采用机械化的加工设备,部分加工环节仍需要人工完成;第二,各种设备之间物料的传送都是由人工完成,工人劳动强度较大;第三,由于场地等条件的限制,各种设备布置并不科学,使得工作效率不高。

茶缸等大型紫陶器件的成型过程一般都是由拉坯师傅借助拉坯机手动完成,其成型质量主要取决于工人的技术水平,器型尺寸误差较大。拉坯工人的劳动强度较大,且需要一定的工作经验,因此,拉坯工人属于市场紧缺资源,工资待遇较高,大大提高了产品的加工成本。半机械化和机械化滚压成型的合模和脱模过程都由工人完成,因此,耗时较长、效率较低。部分茶杯、茶壶等小型紫陶器件的成型可以通过机械化和半机械化的滚压成型机完成,但仍有部分器型通过滚压成型的方式难以加工,必须由人工完成。水壶等非回转体等器形的加工还没有实现机械化和自动化。

湿坯装饰一般都由人工完成,工人使用常见的书画用毛笔和墨汁在湿润状态的坯体上绘画,目前还没有机械化和自动化的湿坯装饰设备和工艺。

雕刻填泥的加工目前处于手工和自动化生产并存的阶段。线条简单的山水、人物、花鸟和书法等图案的雕刻一般都由人工在湿坯上完成,其雕刻质量和水平取决于工人的熟练程度。当然,也有部分从江西引进的企业借鉴景德镇等地的陶瓷雕刻工艺,采用了刀具雕刻机和激光雕刻机等机械装备对复杂图案进行雕刻,实现了自动化加工,大大提高了雕刻速度,降低了加工成本。但是,刀具雕刻机和激光雕刻机等设备雕刻的产品一般都是不需要填泥的复杂图案,因此使用范围受到了一定的限制。

紫陶产品的烧制工艺和过程与景德镇等地的日用陶瓷产品的烧制工艺和过程差别很小,常用的梭式窑等窑炉经过参数调节就可以用来烧制建水紫陶。

紫陶的无釉磨光包括除火皮、擦丝和抛光三个工艺流程,磨光后的产品有磨砂、哑光、镜光和亮光四种效果。除火皮工艺一般采用车盘进行打磨,磨具以油石为主;擦丝工艺与除火皮基本相同,打磨用油石的硬度稍高于陶器,细度高于除火皮用的油石;抛光工艺与除火皮和擦丝工艺不同,其磨具是用纯棉湿毛巾沾上淘洗过的河沙。紫陶无釉磨光加工技术处于半机械化和机械化阶段,其加工成本很高,大大影响了紫陶产品的推广。无釉磨光过程会产生大量粉尘,因此生产环境差,工人劳动强度极高。

(二)国内陶瓷产业智能制造企业现状

目前,陶瓷行业正面临着淘汰落后产能、重新洗牌、战略调整的大变革,朝着智能化迈进已成为建陶企业的发展趋势。2017年,"智能化"就已不断在行业被提起,知名陶企纷纷向着工业4.0迈进。

如今,制造业生产的环保化与智能化,已经成为企业共同探索的课题。2018年1月23日,中国建筑陶瓷绿色智能制造示范基地在肇庆市高要区禄步镇正式挂牌成立。该示范基地由新明珠陶瓷集团投入巨资打造,是行业内建成的首个智能制造工厂。从配料到自动打包入库,其中12个步骤,工人只需在控制室里轻按按钮,就可以完成整个生产过程的控制;控制室外面,整个车间噪声小、宽敞明亮、通风透气、无尘,只有两三名工人在巡视设备;工人身边,机械手有节奏地穿行不休;通过激光打码方式,每一块砖都被赋予了一个编码,从而可实现从原料到生产工艺流程追溯。按照国际标准建设,新明珠集团的智能工厂由两条新建生产线和智能仓储系统等组成。厂房内,引进的激光导航大吨位智能无人叉车,用于车间内板材的运送和转移工作。在设备配置上,新明珠引进了中鹏热能的节能型陶瓷窑炉、意大利西斯特姆的3万吨压机,并在行业内第一个采用WMS立体仓储管理系统,建立了承重单库架达3吨的智能仓库,可以容纳超过3万件规格达$1.6\ m \times 3.2\ m$的大板砖产品。

与人们印象中污染严重的建筑陶瓷工厂不同,新明珠的智能制造工厂在低碳、节能、清洁生产、环保等多个方面都按照国际先进水平规划设计,做到了车间噪声小、无粉尘,践行了绿色生产理念。

生产智能化除了提高效率、节能环保外,更重要的是节省人力成本。新明珠新投入的两条生产线,每条线的人员配置只需50名工人,整个车间所需工人也只需百人左右。而在此前,同等规模生产线仅一条就需要150名工人同时协作。

作为建陶产业中的龙头企业,新明珠陶瓷集团绿色智能制造示范基地的挂牌,为行业内其他企业提供了发展的样本,更是广东建陶企业迈向产业智能化的一个探索,可以成为我国建陶行业绿色智能制造的风向标和参照物,新明珠作为建陶企业,确立了在行业中的示范性和领先地位。

未来各方将强强联合,共建陶瓷绿色智能制造产业孵化平台,打造绿色智能制造服务体系,提升建筑陶瓷行业的核心竞争力。合作将推动建造绿色智能制造服务体系,为我国建陶行业转型升级提供整合性的解决方案。

新明珠绿色智能工厂将作为实践基地,集多家战略合作方之力,共同打造我国建筑陶瓷行业绿色智能制造产业孵化平台,绿色智能工厂将推动我国陶瓷先进制造业发展,引领陶瓷制造向清洁生产、绿色环保、人工智能、柔性化生产等方向迈进。

而在产业升级的过程中,装备国产化程度较高也是一大特点,例如在新明珠的示范基地,车间内的无人驾驶叉车便是从杭州叉车引进的,而科达、中鹏等陶机装备制造企业也为生产线的建设贡献了力量。如果将仓储等系统也算在内,整个车间的国产化程度已经达到80%。

在自动化程度较高的建筑陶瓷产业中,发力的不仅是新明珠,东鹏控股于2015年发布"中国建陶工业2025"战略,并启动智能制造的相关项目,2017年12月19日,东鹏智能家居创意产业园正式落户重庆永川,该产业园将集成高端智能制造模块,建设综合智能家居产业基地。东鹏智能家居创意产业园计划投入25亿元资金,将配备世界最尖端的技术设备和智能制造系统,将其打造成"中国建陶工业2025"示范基地。该项目体现了智能制造的特点,对设备选型、产线规划及厂房设计作出周全的考虑,计划引进西门子公司的SCADA系统对全厂生产全流程进行采集、监视和数据化应用,从设计开始就集成高端智能制造模块。这也是行业首家集瓷砖、洁具等生产及物流的综合智能家居产业基地,东鹏将做到废气"零排放"和废料再利用。预计该项目将上马4条生产线,2019年春迎来投产。

2017年2月,"亚细亚瓷砖"斥资1.5亿元在湖北咸宁投产的大板大理石瓷砖生产线从原料加工到釉线设备全部采用数码智能化设备,全厂有三条生产线,仅有500人(含后勤人员),年产值达6亿元,人均产值达120万元。

2017年3月21日,重庆唯美陶瓷有限公司正式投产。投产的重庆唯美一期一号主车间的第一条生产线,生产线长约1500米,仅50名工人,线上的所有作业环节均实现了机器代替人工,工人只负责操作机器。

2017年在深交所上市的蒙娜丽莎集团的陶瓷薄板生产示范线,干净、整洁的车间内极少看到操作员工,这条生产线用工数量创下了不到30人的纪录。

当前,陶瓷行业在环保、成本等的压力下,不少陶企停产停工,却为因长期投入环保治理、率先引进现代化生产设备的实力陶企带来了红利,在全国开启新一轮产能布局,投建现代化智能生产线。

智能化的水平与标准化的水平密切相关。低标准化水平只能获得低水平的产品。只有不断确立高标准,在更高的标准支撑下由机器来执行的制造,将获得理想的竞争力。专家预测,陶瓷行业部分陶企生产线将会在五年后实现全自动化,十年后将会有全智能化生产的陶瓷企业。

虽然陶瓷行业智能化进展缓慢,但随着越来越多的企业加入,智能化可能是未来几年陶瓷行业的努力方向,从目前只是部分企业在实行的"非主流"慢慢变成"主流",实现一场陶瓷行业的逆袭。

(三)陶瓷产业智能制造装备

1. 陶瓷产业装备智能化待解决问题

随着自动化水平不断提升,陶瓷生产方式发展面临着信息化挑战。大数据、云计算普遍被应用于新兴产业的时代,制造业的信息化,尤其是日用陶瓷行业的信息化相对滞后。目前,陶瓷生产企业的信息采集与储备大多处于单纯的数据采集、信息孤岛阶段。很少有日用陶瓷企业设立了单独的信息中心,将供应链、销售链和生产环节的数据集成在一起,更没有日用陶瓷企业能够依托信息链重新架构企业的价值链,最终实现从互联网到物联网的跨越。

要实现机器间的数据交互,利用大数据、云计算、模型、场景,解决生产当中的前瞻性、预测性问题,从而使陶瓷生产过程逐步向着无介入、透明、互联、实时、可扩展的目标迈进。消费者在终端门店下单,生产厂家都能够迅速收到订单并更新库存,而不是由经销商集中这些信息,再向厂家统一采购。如果生产厂家无法拿到消费者更具体、更详细的个人数据,比如消费者的年龄、职业、喜好、住房面积、小区地段、需求时间等,企业的产品库存,就只能根据经销商的订单数量来决定,而不是直接由消费者订单决定。离开这些数据,企业的新产品研发将会更多受经销商喜好的影响,而不是消费者的喜好。

企业在依托大数据重构价值链过程中,如果不能打通供应链、销售端和制造环节将其统一,不能实现数据共享、多点对接,就无法降低厂家和经销商的库存,无法及时进行排产计划的调整,无法实现真正意义上的按需生产,也就无法进一步降低企业的生产成本。

整合分析信息的能力是智能化的关键。目前,陶瓷砖生产过程当成型、烧成、分选、打包、搬运、入库等环节的自动化水平相对较高,机器人应用较为普遍,但对这些环节的数据采集、集成、应用还相对薄弱,不能实现数据的完整采集、集中、统一和交互,尤其是原料采购、粉料制备、配料供应等,大都还处于借助管理软件对人力资源和管理流程进行优化升级的初始阶段,无法实现生产全过程数据的实时交互、匹配与集成应用,限制了企业自动化水平的进一步提升,更别说智能制造。

近年来,虽然大部分企业建立了OA(办公自动化)、ERP(企业资源计划)、CRM(客户关系管理)、HR(人力资源)、PDM(产品数据管理)、SCM(供应链管理)等管理系统,但这些管理系统当中产生的数据同样存在孤立、不匹配、不兼容问题。企业引进并建立一套管理软件并不难,难的是怎样将不同的系统、不同的数据相互整合在一起,让数据通过交互产生生产力,而不是仅仅局限于数据考核和机器替人。

前进道路虽有艰难险阻,但智能制造正以令人惊喜的速度对传统制造业的生产方式进行着迭代升级。在以建陶制造业闻名的佛山,机器人产业正成为近年来很火爆的朝阳产业之一。相信随着人工智能技术的进步,将会孕育出越来越多的工业互联网生态系统和基于大数据的人工智能技术平台,进一步实现机器人与互联网融合,让更多的机器人投入到陶瓷生产的各个工序当中,可以由平台采集的各类数据实现对产供销各个系统机器人运行状况的分析、预测、监控和维护,从而实现建陶行业真正意义上的智能制造。

2. 建水紫陶产业智能制造技术现状

虽然部分紫陶生产企业已采用了一定量机械化和自动化的生产装备,但球磨机、振动筛、压滤机、练泥机、拉坯机、滚压成型机、雕刻机和窑炉等装备的制造主要依靠佛山等地的陶瓷骨干企业。仅有云南小云科技等少数企业从事磨光机等紫陶加工工艺特有装备的研发和生产,导致其自动化水平严重不足。紫陶产品生产水平不高,人均生产效率较低,自动化、智能化亟待提升是影响紫陶产业发展的重要因素,严重制约了紫陶产品的大范围推广。由于产业规模较小,各企业对装备制造技术的提升要求不高,装备企业也缺乏研发新产品的动力。

(三)建水紫陶产业智能制造技术发展规划

智能制造是一场变革,是企业做大做强的必经之路,智能化可以提质增效,同时也是弯道超车的大好时机。

随着科技的发展,用户对需求从批量化逐渐走向定制化,开始对陶瓷生产的柔性、绿色、智能等方面有了更多的诉求。节能降耗装备、环境保护装备、自动化装备以及提升产品质量装备将是今后一段时间陶瓷企业的关键所在。

社会正在转型,从高速增长型进入高质量发展阶段,品牌成为行业和社会发展的方向。绿色制造、绿色建材和智能制造是一个大战略,也是一个大趋势,并逐步向物流智能化迈进。应对未来2035战略将从产、销、人、发、财等几方面完善智能化的主要业务需求架构,应参考相关行业领先时间,逐步实施陶瓷智能化生产。

以"创新驱动、特色带动、整合推动、出口拉动"为发展思路,政府将顺应"互联网+"的发展趋势,采取财政贴息、加速折旧等措施,促进陶瓷产业工业化和信息化深度融合,开发利用网络化、数字化、智能化等技术,推动产业结构迈向中高端。

工业化和信息化的深度融合发展,将改变原有产业的生产技术路线、商业模式,从而推动产业间的融合发展。最终令新技术不断得到应用,新产品和服务被广泛普及,从而加速孕育陶瓷产业创新发展的新空间。

综合以上因素,建水紫陶瓷产业智能制造应采取以下措施。

1. 转变思想,推进陶瓷企业智能化改造工程

建立以企业为主体、市场为导向、官产学研相结合的技术创新体系。减少对本地人口红利的依赖度,提高人均产值及产品附加值;转变思想,增强机器代替人的紧迫感,着力提高企业信息技术、自动化技术、智能制造水平,依托国内外智能装备制造技术,加快陶瓷产业智能制造推进步伐。

(1) 推进制造过程智能化。在行业重点企业加快建设智能工厂和数字化车间,鼓励企业加快建设"智能工厂",提高MES、ERP、PLM和机器设备网络的互联互通集成能力,形成联网协同、智能管控、大数据服务的制造模式,全面提升企业的资源配置优化、实时在线优化、生产管理精细化和智能决策科学化水平。

(2) 推进以智能制造为主攻方向的"机器换人"。按照"分类指导、典型示范、政策扶持、机制保障"工作思路,以全面推进智能制造为主攻方向,切入智能制造的关键环节,充分调动企业积极性,开展智能化机器换人工程,推广一批工业机器人和先进适用装备,实现陶瓷生产领域的减员增效;培育一批智能制造工程技术服务企业。带动行业生产效率、资源利用(节能、节水、节材)水平、产品优质品率(合格率)、智能制造水平大幅提升。

(3) 推进存量装备智能化改造。按照"市场导向、重点突破、竞争安排、绩效导向"原则,在陶瓷制造企业开展存量装备智能化改造项目,即通过物联网、云计算和自动化控制等技术,对机器设备和生产流程等进行自动化、数字化和智能化改造,在企业内部形成"自动化生产线+工业机器人+专用网络"的工业物联网。打造"物联网式制造工厂",使企业提高传统制造方式自动化、智能化、网络化水平,显著提升建水陶瓷生产企业的生产效率与产品品质,培育一批产品质量有保证、品牌有影响的企业。

2. 加强企业信息基础设施(硬件建设、软件建设)建设

(1) 提升信息基础设施水平,推进宽带网络升级提速。加强统筹协调,提供配套保障,以城乡建设、经济社会发展总体规划为依据,有序推进共建共享,全面提高应用水平,发挥其对产业发展的基础支撑作用。重点建设宽带提速,光网园区、无线城市、三网融合等工程,启动实施以光纤宽带为主的"企企通"工程,推广重点工业企业及生产性服务企业高带宽专线服务,加快推进宽带网络进企业、入车间、联设备。着力建设适度超前、安全便捷、高效泛在的信息基础设施,完善信息平台公共服务功能,加强信息资源互通共享,提高信息安全保障水平。

(2) 推动陶瓷产业专业软件的开发与应用。支持具有自主知识产权的陶瓷专业基础软件、嵌入式软件、控制软件、应用软件及中间件产业化,加快研发及推广应用步伐。鼓励本土陶瓷企业以多种形式与专业软件公司共同开发与应用。

(3) 推进信息资源整合,加大信息资源的利用。以智慧应用为导向,以市场需求和创新为动力,以资源整合为基础和核心,加大信息服务平台建设,(筹划)建设云计算中心(陶瓷产业园区云计算中心),逐步实现企业之间、政府部门之间,企业与政府之间在软硬件基础设施、数据资源和公共应用平台三个层面的共建共享,打通企业、政府部门间的"信息孤岛",逐步实现基础设施、数据资源和应用平台三个层次上的信息资源整合。实现资源共享,提升网络利用效率。

(4) 加快推动功能性服务平台中心建设。推动国家级、省级(高新技术骨干企业)数据服务中心、呼叫中心、云计算中心等功能性平台落户,提升信息数据存储和服务能力。支持具备条件的园区、开发区及大中型骨干企业建设"云+网+端"三级工业信息基础设施服务平台,为行业企业提供优质的信息化解决方案。推动电信、广电网络运营商及相关企业拓展工业大数据服务业务,鼓励中小型园区及行业企业向信息服务提供商购买专业服务。

3. 加大引进力度,推动建水智能制造上规模

设立智能制造产业引导基金,发挥政府资金杠杆作用,采取市场化运作。重点投资智能制造,将智能制造上升为建水发展战略目标,陆续配套相关金融、财税等支持政策。

积极引进跨国公司、大型智能装备制造企业、自动控制企业、软件公司来建水设立生产、研发和营销基地,促进陶瓷产业升级和结构调整。

承接产业转移,壮大产业规模。抓住沿海产业向内地转移的机遇,着力营造环境,打造相关承接平台,加大招商引资力度,促使建水智能制造工业上规模、上水平。

4. 加快人才培养，引进创新人才

就目前看来，智能装备制造行业、生产企业、信息服务等这类高端人才及复合型人才需求的缺口较大，各地均出台较大优惠政策吸引人才，建水现有人才远不能满足企业走向智能化的需要，需要加大培养和引进的力度。

配套政策，引进高层次人才，培养一支陶瓷产业创新人才，为陶瓷产业智能制造创造有利条件。

陶瓷产业迈向智能制造时代后，将由劳动密集型逐步向技术密集型产业转变，专业技术人才将成为企业发展的核心竞争力。在人才培育方面，应在现有职中基础上，改善办学条件，加强陶瓷设计、陶瓷材料、陶瓷机械、自动控制、信息工程等相关专业建设，培养高级设计及应用型高级人才，满足智能制造发展对人才的迫切需求。在中高端人才方面，可联合景德镇陶瓷大学、云南高校及科研院所培养本科生、研究生，或邀请行业知名高校创办分校来支撑产业发展。在人才引进方面，政府要营造良好的人才生存发展环境来吸引高端人才。在家属就业、子女入托、人才周转房、交通娱乐设施、创业资金扶持、研发成果奖励等物质生活方面加大投入，同时要在人才精神需求方面创新政策，如对突出贡献人才颁发荣誉市民称号、增加人才参政议政机会等，切实做到能引进人才、能用好人才、能留住人才。

5. 政府科学引导、政策扶持

建水陶瓷企业规模普遍偏小，技术资金实力薄弱，在没有示范效应的前提下很难大规模推广智能化升级改造。政府应当科学引导产业有计划分步骤地向智能制造转变，前期可在用工量大、信息化水平较高的龙头企业进行试点，争取打造1—2家智能制造示范性企业。条件成熟后利用示范企业改造前后的数据进行大力宣传，配合引导性政策，在计划时间内完成全行业智能制造的升级改造工作。

随着建水对原有陶瓷企业的升级改造，政府对新建企业应提高准入门槛来适应产业发展。可将相应的关键性指标进行量化来进行判断，如生产自动化程度、管理信息化程度、平均员工年产出、技术工人比例等，要求新建企业智能制造水平应不低于同期中等企业发展水平。通过指标量化工作来淘汰一批落后企业，提高整个产业的生产管理水平，从而增强建水紫陶瓷产业的竞争力。

6. 构建"政府＋行业协会＋企业"的发展平台

建水紫陶企业普遍规模不大、产值不高，若以单个企业一己之力，很难全面、高质量地进行智能制造转型。建议由政府出台相关产业政策和帮扶措施，引导企业参与智能制造战略实施。同时，由行业协会组织协调同一产区甚至是跨产瓷区之间，多家紫陶企业分工合作完成某项具体事务。

建水陶瓷企业依靠自身的技术研发很难实现快速的升级转型,引进外部技术力量是行之有效的办法之一。但本地企业面临着跨领域、跨空间、对先进技术的获取渠道比较缺乏的问题。各部门应充分发挥主观能动性,利用各自渠道优势帮助企业引进先进技术,减少发展成本缩短引进周期,如科技部门可提供国内外先进技术成果的最新动态,外事部门可帮助联系国外先进技术企业,商务部门可组织企业参观相应技术展会等。企业通过政府的帮助将在最短的时间内吸收引进国内外先进的技术,实现产业的升级转型。

二、产业数字化

当前,云南省数字经济发展进入快车道,数字社会建设加快推进,数字城市建设成效初显,数字政府治理能力持续提升,面向南亚东南亚辐射中心数字枢纽建设稳步推进。要以新一代数字科技为支撑和引领,以数据为关键要素,以价值释放为核心,以数据赋能为主线,对建水紫陶产业链上下游的全要素数字化升级、转型和再造。

(一)推进企业上云

加快中小企业"上云上平台",推动大中型企业深度上云。开展企业上云培训和技术对接服务,大力推进大中型工业企业将信息基础架构和应用系统向云上迁移,推进管理上云和业务上云,开展基于云的移动化、互联网化业务落地和智能化提升。以创建互联网"双创"平台为抓手,集聚电子商务服务企业,推进紫陶企业电子商务发展,开拓国内外市场。支持企业充分利用大数据技术,进行互联网精准营销,培育一批大数据应用示范企业。

(二)搭建工业互联网

鼓励紫陶产业龙头骨干企业与互联网企业、工业信息工程服务商、软件企业等合作,建设具有专有技术、专业知识、开发工具的行业级工业互联网平台。鼓励龙头骨干企业提供"专有云+大数据"服务,支持行业工业互联网平台面向中小微企业提供专业、精准、适用的服务。支持第三方服务机构和行业龙头骨干企业,面向产业,开发工业App。积极推进下一代互联网基地等重大项目建设,搭建互联网创业创新孵化平台、公共服务基础设施平台,营造良好"互联网+"创新创业支撑体系。

(三)提升数字化设计

大力引进国内外数字化设计领域有影响力的品牌设计机构和知名设计师团

队,引领建水紫陶设计数字化发展。依托产业创新服务综合体建设,支持工业设计企业以订单、契约、股权等多种形式为传统制造业企业提供数字化设计服务,加快设计成果的产业化。鼓励发展众包、众创、众设等协同创新新业态,推广"设计+科技""设计+资本"等工业设计共享经济新模式。实施"设计+"行动,建立3D数据分析平台,实时上传市面流通的优秀的、畅销的工艺品外形数据,设计风格数据;为智能化生产提供设计数据;为紫陶工艺品的设计提供更多思路和可行性方案,将艺术品工艺品以紫陶的方式展现,增加紫陶的市场竞争力和流传度。培育一批数字化设计示范企业,鼓励紫陶企业积极应用计算机辅助研发设计系统(CAD、CAM、PDM等),积极推广虚拟现实(VR)、3D打印等智能化设计技术,以及三维数字化测量技术,后者即三维扫描,是集光、机、电和计算机技术于一体的高新技术,即通过特定的形貌测量装备,对物品的外部造型和内部结构进行扫描,从而获得物体表面的空间坐标。提升企业产品设计周期、降低研发设计成本。

（四）建设紫陶产业创新平台

建设建水以紫陶为主导的数字经济研究院。培育赋能紫陶产业数字化的数字经济核心产业,聚焦VR、人工智能、移动物联网等领域,力争在创建国家级紫陶制造业数字创新中心上取得新突破。建设中试熟化基地、科技企业孵化基地、创新创业孵化基地。重点联合行业骨干企业、专业创新促进机构、高校院所等,建设一批面向数字经济创新发展的孵化器和创新空间,支撑中小微企业创新创业。强化关键技术攻关,力争数字技术、数字设备在陶瓷应用上取得新进展。

（五）发展数字化生产、服务型制造

实施紫陶数字化制造升级工程,对建水紫陶龙头骨干企业装备、自动化控制系统和信息化管理系统进行改进、扩展和完善。鼓励有条件的企业机器换人、设备换芯、生产换线,力争培育5个以上升级版智能工厂、数字车间。加强新型传感器、智能控制、物联网芯片等技术在产品制造中的集成应用,提升企业远程诊断、产品追溯等服务能力。建立基于数字化集成的原料研发体系或平台,整合陶瓷行业企业在原材料采购业务过程中的企业信息流、资金流和业务流的三流合一,搭建行业原材料集采平台。建立陶土成分分析平台,主要检测上传不同地点、不同批次陶土的成分分析数据,为产品生产提供数字化配比方案数据。探索3D打印技术与建水紫陶传统器型的工艺融合,包括以下环节:计算机设计建模;计算机模型3D打印切片;泥料制备与填装;打印坯体;修坯、刻填装饰;坯体干燥;烧制成陶;无釉磨光。在3D打印技术的帮助下,设计师可以快速便捷地得到准确的作品实物,对于不满意的地方可以轻松地在计算机模型中进行修改完善。积极推行

"制造＋服务"模式,引导紫陶制造企业拓展基于互联网的故障预警、远程运维、质量诊断等在线服务,推动企业从提供产品向提供服务转变,积极争创服务型制造示范企业。支持紫陶企业积极开展互联网众创设计,大力发展互联网协同制造。建立生产数据平台,主要记录不同批次陶土、不同配比实验的数据,跟踪产品制作过程中的温度、湿度等数据变化,记录不同条件下的产出成品的密度、光泽度、良品等数据,为生产产品提供技术数据佐证,保证产品率及一致性。

(六)建设数字化紫陶交流交易新平台

重点打造建水紫陶线上线下相结合的网络销售平台,推动建水紫陶融媒体中心建设,建立与建水紫陶官方网站,开发手机App版本的建水紫陶博览交易软件和手机版建水紫陶网,建立微信公众号和微商网店,推进虚拟市场快速发展,打造集线上线下、交易于一体的建水紫陶集散中心。建设紫陶的质量溯源体系,对建水紫陶产品设计生产过程、流通过程、营销过程的信息进行整合,实现一物一码的全流程正品追溯,实现建水紫陶产业区块链发展。建立大师出品溯源及防伪平台,通过采集上传大师信息、产品高精度3D纹理扫描数据与无损密度分析数据,建立拍卖、收藏者信息的溯源平台,为大师作品的防伪提供对比数据,为产品交易、流传、拍卖以及价值提升提供管理与查询服务。建立紫陶工艺品价值评测系统平台,针对不同批次、不同季节、不同配方以及陶土品质等生产时候采集的数据提供在线价值评测服务。建立产品跟踪系统平台,实现产品跟踪平台与防伪认证平台数据打通,扫码查询同时,后台自动生成位置数据,形成产品分布图;实现产品跟踪平台与产品价值评测系统平台打通,客户在线评测同时,锁定产品批次,回溯产品信息,分析各地的产品偏好,为产品推广提供精准数据。建立电子口岸信息平台,打造集公共服务、艺术金融创新、大数据服务于一体的紫陶全产业链综合交易服务平台应用示范基地。

(七)建设数字化产业园区

支持建水紫陶园区加强新一代技术的应用,通过完善信息网络基础设施、提升园区数字化服务功能、创新生产性服务等智能化发展,建设智慧产业园,利用大数据技术,实现对产业园内人员考勤、人员权限、办公资源分配、访客预约拜访、车辆停放与充电,以及水、电、安防等整体平台化管理;打造可视化、可控制、快速响应的中心控制平台及应急指挥系统。实现多场景、多业务层下的统一调度,降低了操作的复杂程度;智能跟踪物流信息,及时反馈物流信息,节省发货收货时间。方便协调线上线下货物补充;物流车辆数字化调度,根据订单交货周期与目的地,协调调动物流车辆,控制物流成本,分析最优物流线路非受调动物流车辆、未申请预约车辆不准进入产业园,保障产业园通行效率。推动企业在研发、设计、采购、制造、销售、服务等产业链各环节上的智能化应用,建立行业企业间创新链、供应链和服务链的互联互通,形成创新、协同、精益、开放、共享的产业生态体系。联合行业骨干企业、专业创新促进机构、高校院所等,建设一批面向数字经济创新发展的孵化器和创新空间,支撑中小微企业创新创业。

(八)引培数字化人才

加大对数字经济领域高层次人才和团队引进的支持。推动数字经济领域企事业单位采取兼职、技术咨询、周末工程师、特岗特聘等方式引进急需紧缺高层次人才。落实人才优惠政策,吸引数字经济领域专业人才。支持云南高校和重点紫陶企业实施重大人才工程,着力发现、培养、聚集数字经济领域战略谋划家和科技领军人才。实施"青年才俊"培养计划,打造一支有巨大发展潜力的青年优秀人才队伍,形成支撑陶瓷产业数字化转型发展的人才梯队。推进产教协同,支持校企合作、入企实训、定向培养、工学结合的联合培养模式,鼓励建设"校中厂""厂中校",开展订单式、定向式、定岗式数字化人才培养。

(九)推进紫陶产业服务支撑体系数字化转型

推动"5G+物联网+人工智能"在物流行业融合应用,建设"5G+交通"物流中心。深化5G技术在网络购物、虚拟点餐、智能售卖、智能停车、智能家居等服务领域的应用。拓展电子商务服务网络,加强与国内知名电商企业合作,建设集商品交易、物流快递、研发设计、生活服务于一体的大型电子商务园区。建立建水县物流云数据中心,促进货运车联网信息互联网共享,鼓励发展"互联网+"车货匹配、无车承运人等新业态新模式。推动大数据普惠金融试点,建立金融综合服务平台。

(十)升级通信网络基础设施

深入推进高速光网建设,进一步扩大光纤接入覆盖,确保新建商品住宅光纤到户,加快既有住宅光纤到户改造,实现全域光网有效覆盖。加强4G网络深度覆盖,加快5G网络规模化部署应用,推动5G与工业互联网等融合应用。规模布局物联网感知设施,大力发展物联网产业,构建有竞争力的物联网应用生态,推动物联网在经济社会各领域广泛应用。加快推进互联网协议第六版(IPv6)规模部署,带动IPv6用户提升,构建高速率、广普及、全覆盖、智能化的下一代互联网。

第七章　意大利陶瓷产业发展的启示

近半个世纪以来,意大利之所以一直是世界陶瓷强国,与其世界七大工业国之一、欧洲四大经济体之一的地位密不可分。1987年,意大利超越英国,成为全球第五大工业国,欧洲第二大制造业强国。1992年,意大利人均GDP高达2.32万美元,超越英国,紧追法国和德国。20世纪末期其汽车、摩托车畅销欧洲,奢侈品牌受到全世界追捧。

意大利曾有过两段辉煌的历史时期,一是古罗马帝国时期,二是近代的文艺复兴时期。文艺复兴时期的意大利,因为优越的地理位置,依靠从亚洲到欧洲的商业贸易而繁荣,中国的丝绸和瓷器,以及南亚的香料和宝石,都从这里转口。后来,商人们不满足于单纯的贸易,投身于丝绸和瓷器的模仿制造,使得意大利有了驰名欧洲的手工业集群。

第二次世界大战之后,意大利再次迎来战略机遇期。由于盟军的占领,意大利从此打开国门,跟欧洲逐渐融合为一个统一大市场。战后的欧洲,百废待兴,由于德国、法国、荷兰都是战争重灾区,制造业几乎被摧残殆尽。而意大利是欧洲工业国中损失较少的,所以最先实现了"V"形反转。源源不断的意大利工业品打进了欧洲市场,1953—1959年,意大利GDP年均增长5.6%,1960—1963年为7.9%,1964—1973年为4.9%。

第一节　意大利陶瓷产业现状

2022年,意大利陶瓷行业总共有259家公司,从业人员2.65万人,陶瓷行业总收入87亿欧元。2022年,意大利正常运营的瓷砖公司共有128家,产量为4.312亿平方米,比2021年下降0.9%,直接员工人数为1.86万人,与前一年的数字接近。

在销量方面,2022年意大利瓷砖生产商的总销量为4.489亿平方米,比2021

年下降1.4%;出口量为3.562亿平方米,比2021年下降2.2%;国内销售则有一定增长,超过9270万平方米,比2021年增长1.7%。

同时由于能源价格上涨,意大利陶瓷提高了销售价格,推动总销售收入增长16.4%至约72亿欧元,而2021年为62亿欧元;平均总体销售价格从13.5欧元/平方米上涨至约15.7欧元/平方米;出口价格从14.3欧元/平方米上涨至16.7欧元/平方米;出口销售额占总销售额的83%以上,达到60亿欧元,比2021年增长25.6%。

从销售区域看,海湾地区和远东地区的出口表现良好,西欧、巴尔干和拉丁美洲的出口保持稳定,但东欧和北美自由贸易区的市场出现萎缩。意大利国内市场占总销量的20%,而48%的销量销往欧盟其他地区,欧盟以外地区销售占比为32%。

在全球瓷砖需求减弱的环境下,意大利瓷砖的产销量虽然不断下滑,销售额却持续上涨,产品的80%出口全球,说明意大利陶瓷强国的地位依然不可动摇。即便欧洲出现能源危机,意大利陶瓷业也可以通过向客户收取能源补贴,从而转嫁成本。

第二节 意大利陶瓷产业的发展简况

自20世纪70年代末,意大利的东北部到中部一带在欧洲国家普遍经济衰退的情况下获得快速发展。这一地区后来被经济学家称作"第三意大利",其典型特征就是存在专业化的企业集群,大量的中小企业彼此间形成了高效的竞争与合作关系,具有极强的内生发展动力,依靠不竭的创新能力保持了地方产业的竞争优势。生产传统劳动密集型产品的企业集群是该地区的主要集群模式,瓷砖业是其中的典型行业。

一、农业时期

从13世纪起,意大利东北部的萨索洛就有陶器和瓦器的制造业。19世纪,当地出现了第一批瓷砖产品,主要应用在路标、门牌和地下墓室中。直到第二次世界大战结束时,当地的瓷砖企业仍然屈指可数。20世纪50年代以前当地仍以农业经济为主。1951年,艾米利亚-罗马涅大区的农业劳动人口占比为51.8%,工业人口占比为25.2%。这个时期的艾米利亚-罗马涅大区是一个贫穷落后的地区,发展情况与意大利南部差不多。

二、陶瓷企业大量涌现

由于工业基础薄弱,在"马歇尔计划"时期,艾米利亚-罗马涅大区发展现代化大批量生产工业的希望破灭。当地政府转向支持本地小企业的发展。在军工业停业的情况下,对释放出来的技术工人,政府在政策上帮助其创业。而原来的家庭工业也在政府扶持中小企业的政策下迅速发展。没有外来资金的投入,本地的积累又少,当地的小型企业只能从事纺织、服装、陶瓷等技术和资金门槛低、市场风险小的传统产业。这段时期,不少瓷砖厂的老板只要筹集到小额资金并找到一批有经验的工人,就开始建工厂。在当地银行业的支持下,新成立的瓷砖厂如雨后春笋般出现在这个地区。1955年时,当地只有14家瓷砖厂,到了1962年,瓷砖厂已增至102家,而1970年瓷砖厂则增至316家。随着陶瓷、纺织等劳动密集型企业的大量出现,到1971年,艾米利亚-罗马涅大区的农业人口占比已减至20%,而工业人口占比从25.2%上升至43%。

三、积极拓展海外市场

从20世纪90年代开始艾米利亚-罗马涅大区就成为了经济发达地区。在这个阶段出现了许多新型的提供设计和研发的小型企业。他们将电子和信息技术用于生产设备的改造和产品的设计。在1987年,意大利的瓷砖制造业年产值已达100亿美元,是陶瓷业名副其实的生产和出口王国。其产量占全球总数的30%,出口量占全球的16%。同年,意大利瓷砖业的贸易顺差约14亿美元。从1980年开始,意大利瓷砖业积极拓展海外分公司,在1987年的出口额达1亿美元。

随着欧盟经济增长步伐放缓,意大利经济亦进入低增长阶段,从20世纪80年代平均每年增长2.3%,到90年代平均每年增长1.6%,2001—2004年则下降到了0.62%。国内经济增长停滞导致国内瓷砖消费断崖式下滑。然而在2003年,意大利瓷砖出口和内销的数量比例出现倒置,意大利本土销量由2002年的4.377亿平方米降为2003年的1.704亿平方米,出口量则由2002年1.707亿平方米增长为4.176亿平方米,如表7-1所示。

表7-1 2002年和2003年意大利陶瓷产销情况表

项目	2002年/亿平方米	2003年/亿平方米
总销量	6.084	5.88
意大利本土销量	4.377	1.704
出口量	1.707	4.176

第三节 意大利陶瓷产业的特点

一、依托本地市场

第二次世界大战结束后,意大利对瓷砖产品的需求大量增加。20世纪60年代,意大利建筑业持续繁荣,北部地区的经济尤其景气。国内市场需求的加大使得瓷砖业也持续快速成长。战后的重建计划需要大量建材,而意大利本土对瓷砖的需求尤为强劲。一个原因是具有抗热能力的瓷砖适合当地的地中海式气候,另一个原因是意大利传统上偏好石材而不喜欢合成树脂材料。因此,瓷砖是最接近当地需求的建材。此外,由于意大利缺乏木材,木地板价格昂贵,这又使得瓷砖具有价格上的优势。20世纪60年代中期,意大利成为全世界最大的瓷砖市场。1976年,意大利瓷砖市场占全球消费量的23%,其次是德国(10%)、法国(8%)、西班牙(7%)。同年,意大利平均每人使用2.68平方米瓷砖;到1987年,意大利平均每人使用3.33平方米瓷砖;至1997年,意大利平均每人使用6.84平方米瓷砖;2002年,意大利平均每人瓷砖使用量达到7.67平方米,稳居全球第一。

二、积极拓展出口市场

意大利陶瓷产业经过20世纪60年代的蓬勃发展后,70年代进入饱和期并开始下滑,瓷砖企业随即将目光转向出口市场。整个70年代就是其成为全球生产和出口盟主的时期。至80年代初,过剩的产能使意大利瓷砖企业更加积极地出口。并在海外增加意大利瓷砖的宣传,充分利用设计、服务、媒体、艺术品等相关产业的优势,使其既能在产品上创新,又能取得在国际市场上的竞争优势。

意大利陶瓷产业在20世纪80年代中期成功拓展出口的关键在于进入了美国等开放型市场,同时也保持着在其他欧洲国家的市场竞争地位。1980年,意大利瓷砖行业协会以纽约为据点,成立了对美销售机构;1984年,协会以杜塞尔多夫为据点,成立了对德销售机构;1987年,协会在巴黎建立了对法的销售据点。

三、以技术进步克服成本压力

意大利瓷砖业发展之初,燃料、黏土和生产技术完全依赖外国。20世纪50年代,瓷砖的材料高岭土必须从英国进口,窑炉是从德国、美国和法国进口,瓷砖压机则是从德国进口,即便最简单的上釉机也必须依赖进口,天然气必须从阿尔及利亚和俄罗斯进口。为了扭转成本劣势,意大利陶瓷围绕萨索洛地区的红土资源,发展自己的陶瓷装备及生产工艺,利用当地艺术设计优势,大力发展釉面装饰,以克服红土烧制坯体的不足。第二次世界大战以来,全球范围制陶技术的主要突破大多来自意大利,意大利的陶瓷机械、陶瓷窑炉、熔块、色釉料等由主要进口国变成出口国,此后一直走在世界前列,引领陶瓷行业几十年。

以陶瓷装备业为例,随着瓷砖工业在博洛尼亚地区的发展,当地瓷砖公司的一些技术人员开始离开原公司开办自己的加工设备制造企业。瓷砖制造所使用的设备包括烧砖用的窑炉、成型用的压机以及磨边机、抛光机。到20世纪80年代中期,博洛尼亚地区已有120多家为瓷砖制造企业生产加工设备的公司。这些设备生产商为争夺瓷砖制造企业的生意而激烈竞争。设备生产商之间的这种激烈竞争产生了很多重要的工艺创新,从而大大节约了瓷砖生产的能源和人力成本。窑炉技术的进步使博洛尼亚地区不仅在瓷砖行业,同时也在辅助设备行业处于领先地位。

四、由小企业为主向大企业过渡

意大利瓷砖企业共可分为三类。第一类以马拉齐、艾里斯和弗洛岗石为代表,通过对技术进行大量投资,以改进生产力和提升产品质量或美感。这类企业通常与设备商的关系良好,并携手开发新设备或改善旧机型。在意大利瓷砖业中,这类企业的规模较大并且以出口为导向。第二类企业数量不多,包括皮耶姆和亚特斯康克等企业,生产的是强调形象和设计的精致型瓷砖,通常会大笔投资在广告营销和展示陈列上。第三类企业是由一大批小企业组成,主要在价格上竞争,生存之道是快速模仿改善成功的技术、新的设计造型,尤其是高价位产品的造型。

意大利的瓷砖产业本身非常零散,以1986年为例,最大的瓷砖厂的产值占总产值的5.3%,前26家企业产值加起来也只占总产值的37.2%。如今这种状况略有好转,瓷砖企业的数量由1962年的115家,升至1982年的433家,到2022年又回到了128家。2022年,128家瓷砖企业中收入在1亿元人民币以上的企业有49家。其中,排名第一的是GRUPPO FINFLOOR,其2022年的收入达5.84亿欧元(约合人民币为45.30亿元),全国占比为8.11%;IRIS CERAMICA GROUP排名第二,其2022年营收为5亿欧元(约合人民币为38.79亿元),全国占比为6.94%;前二位累计占全国总销售额的15.05%。

五、以间接渠道为主

意大利陶瓷在初期以小企业为主,大多没有自己的品牌,渠道掌握在零售商手中。1985年,意大利80%的小装修工程掌握在几千家小型建材零售商手中,意大利的瓷砖零售商通常同时销售好几个品牌的瓷砖,甚至有一半的零售商会同时代理10个以上品牌的瓷砖。

意大利本是中小企业王国,10个人以下的微小企业占据经济生态中的95%。在萨索洛地区,陶瓷企业密度极高,竞争也是异常激烈,企业想方设法希望在技术、设计和营销等方面超过同业一些。而创新一旦出现,几周之内又很快被竞争对手所模仿。因此,一个公司若想在技术、生产效率或者设计方面处于领先地位,就必须不断地改进生产工艺,推出新产品,从而把竞争对手甩在后面。

第四节 意大利陶瓷开拓国际市场经验

一、行业协会对陶瓷业的大力推广

意大利瓷砖行业协会大量广告促销对意大利瓷砖打入国际市场也起到了巨大的作用。意大利瓷砖行业协会在1980—1987年,在美国促销的费用大约800万美元。集体促销的主要目标是建立意大利瓷砖质量卓越、造型优美的整体形象。这种集体努力扩展海外市场的做法在意大利所有的产业中也是独一无二的。

二、展会的推动

意大利是重要瓷砖贸易展的所在地。这个每年在博洛尼亚举行的展会是全球瓷砖业最重要的活动,吸引了大量的外国客户和制造商。时至今日,博洛尼亚陶瓷展依然是全球陶瓷业的盛会,吸引了全球大量的瓷砖企业参加展示。

三、依托时尚业及其他相关产业

意大利瓷砖业另一个领先的创举是通过设计师来设计瓷砖产品。这个创新得益于意大利的设计服务产业。20世纪60年代,华伦天奴才华横溢的设计师华伦天奴·格拉瓦尼在罗马举办了一场时装秀,其华丽的风格很快就在上流社会引起了关注。阿玛尼成立于1975年,先锋设计师乔治·阿玛尼的作品在时尚界造成轰动,1982年乔治·阿玛尼成为自20世纪40年代的克里斯汀·迪奥之后,第二个登上《时代》杂志封面的设计师。范思哲诞生于1978年,1979年乔瓦尼·詹尼·范思哲通过跟美国先锋摄影大师理查德·艾夫登合作拍摄的一系列标新立异的大片而声名大噪。1978年普拉达由第三代话事人缪西娅·普拉达接手,崛起为时尚圈的顶级品牌。20世纪70年代至80年代,盟可睐在日本掀起购买热潮;古驰将分店开到香港、东京和佛罗里达的棕榈滩……

第八章 生态学视角下我国陶瓷产业升级研究

第一节 国内外相关研究综述

一、国内外品牌生态理论综述

品牌生态理论国内早已有一些零星的开创性研究,国外研究尚不多见。但是,品牌生态理论的哲学基础生态系统论是一门成熟的科学,品牌管理的生态化是品牌处理众多利益相关者关系的极佳视角,生态系统思想是处理复杂问题的好帮手。品牌生态管理不仅强调本身的生态系统性,也强调从生态系统角度来考虑品牌管理问题,涉及品牌生态管理思想的相关论述早有出现。

(一)国外品牌生态理论综述

最早也最能明显体现生态思想的研究应该首推营销的职能主义学派。职能主义研究法的一个重要方面就是系统化的结构或系统结构,是把系统作为已知条件而尽力去改善这一系统,并认为,市场营销是一个有机的整体。这一学派的代表人物是沃尔·奥德逊(Waldo Odhner),他(1953,1959,1963)首先提出了"组织化的行为系统"概念及其主要检验标准——"生存下去的共同利害关系",并指出存在3种形式的系统:原子系统(只有少数几个营销系统可以被认为是原子系统)、机械系统(营销的某些方面如仓储和分销等像机械系统)和生态系统(这是营销领域的常见形式)。生态学是对与环境相联系的有机体的研究,有组织的行为系统是生态学概念在市场营销中的表现。20世纪70年代,美国学者理查德·R.纳尔逊(Richard R.Nelson)和悉尼·G.温特(Sideny G.Winter)在生物进化理论的启示和借鉴下,通过对创新过程机理的深入研究,创立了创新进化论这一独特新颖的理论分支(张建华,1997)。20世纪80年代末90年代初,几位诺贝尔奖的得主和数学大师借鉴生物进化的理论模式对经济分析提出了一个崭新的思路,即将经济系统看成一个(生态)进化的复杂系统。这一时期代表性的人物及其观点和理论如下。

1982年,理查德·R.纳尔逊(Richard R.Nelson)和悉尼·G.温特(Sideny G. Winter)出版了著作《经济变化的演化理论》,这一著作的问世,标志着完整、严密的进化理论研究的轮廓开始形成,该理论旨在论述在市场环境中经营的企业能力和行为的演变及其对行业和经济系统的影响,并且建立了一些模型以便更为充分地说明这一理论。1985年,耗散结构的创始人、诺贝尔化学奖得主普里戈金(I.Prigogine)提出了社会经济复杂系统的自组织(self-organization)问题。保罗·霍肯(Paul Hawken,1994)在其著作《商业生态学:可持续发展的宣言》中,利用生态思想系统探讨了商业活动与环境问题的相互关系,并指出环境保护问题的关键是设计而非管理问题,创造一个可持续发展的商业模式才是一条出路。之后,詹姆斯·穆尔(James F.Moore,1996)出版了产生深远影响的著作《竞争的衰亡:商业生态系统时代的领导与战略》,书中首次提出和定义了"商业生态系统"的概念,架构了基于共同进化模式的企业战略全新设计思路。1997年,欧文·拉兹洛(Ervin Laszlo)出版了其专著《管理的新思维:第三代管理思想》,系统地将广义进化论的思想应用于企业管理,提出了"进化管理的十八项原则",并首次提出了"进化重构"的思想和方法。1998年,肯·巴斯金(Ken Baskin)在其著作《公司DNA:来自生物的启示》一书中提出了"市场生态"的概念,并通过研究混乱和复杂的自然界(生物生态系统)来理解同样复杂的商界发展的基本动力和对企业组织设计和组织管理的意义。不仅如此,理查德·L.达夫特(Richard L.Daft,1998)在《组织理论与设计精要》一书中更是重点利用种群生态学的概念论述了有关组织间冲突与协作、"组织生态系统"演化以及正在出现的学习型组织等许多新的观点和方法,从而拓宽了原有组织理论的固有疆界,并预示这是企业未来战略和结构设计的前沿课题。基于同样的洞察力,2001年,罗启义(Ronald K.Law)出版了其著作《企业生理学:企业活力探源》。

与此同时,在品牌学领域,关于品牌生态的研究主要体现在3个方面:品牌个性理论、品牌生命周期理论和品牌生态系统理论。伯利·B.加德纳(Burleigh B. Gardner)和西德尼·J.利维(Sidney J.levy)于1955年发表的第一篇有关品牌的论文极具创新性,其中已经隐含着把品牌作为生命体的认识,从而开创了"品牌个性理论"的启示。他们指出:品牌的创建要超越差异性(differentiation)和功能主义(functionalism),其应该注重开发一种个性价值(personality)。兰能和库珀(Lannon和Cooper,1983)坚持了品牌创建中的情感主题。兰能(Lannon,1994)后来发展了上述观点,并利用人类学来探索品牌作为一种象征性手段所增加的价值。

阿肯保(Alvin A.Achenbaum,1993)认为,使一个品牌与无品牌的同种产品相区别并使该品牌具有价值,是消费者对产品特征、产品功能、品牌名称与名称所代表的意义,以及使用这一品牌的公司的总体感觉和知觉。菲利普·科特勒(Philip Kotler,1997)认为,品牌从本质上表达了六层含义:属性、利益、价值、文化、个性和使用者。凯文·莱恩·凯勒(Kevin Lane Keller,1998)也认同这一观点,品牌是一个可感知的存在,植根于现实之中,但映射着个人的习性(Peter D.Bennelt,1998)。从切纳瑞和麦克唐纳(Chernatory和McDonald,1998)对品牌所下的定义中也能透视出对品牌生命的认识。大卫·A.艾克(David A.Aaker,1993,1998,2000)提出的"品牌群落"概念也从更高层面进行了佐证。关于品牌延伸中的另一种方式——将品牌延伸运用到新的区域市场去,其争论的问题是全球标准化与地方定制化的优缺点和取舍。乔尔·迪恩(Joel Dean,1950)首先提出了产品生命周期理论。曼弗雷·布鲁恩(1979)提出了品牌生命周期理论,并指出品牌生命周期由6个阶段组成,即品牌的创立阶段、稳固阶段、差异化阶段、模仿阶段、分化阶段以及两极分化阶段。关于品牌的生命周期性,菲利普·科特勒(Philip Kotler,1997)认为,应该用产品生命周期的概念加以分析,即品牌也会像产品一样,经历一个从出生、成长、成熟到最后衰退并消失的过程,但同时也承认,现实情况是,许多老品牌仍经久不衰。英国学者约翰·菲利普·琼斯(John Philip Johnson,1999)对传统的品牌生命周期理论进行了较为深入的实证研究,结果发现,传统的生命周期理论存在以下缺陷:品牌发展过程并不完全遵循成熟后必衰退的规律;品牌的生命周期是一个自我实现的概念,而不是一个自然生长的概念;产品可能会过时,但品牌不一定会随产品进入衰退期;品牌生命周期学说往往会诱导企业不恰当地将旧品牌向新品牌转移,造成真正的资源损失。在此认识的基础上,约翰·菲利普·琼斯对品牌成长发展的过程做了进一步的深入研究,他认为品牌发展过程应分为孕育形成阶段、初始成长周期阶段和再循环阶段。著名品牌专家大卫·A.艾克(David A.Aaker)在《创建强大的品牌》一书中明确提出了基于单个企业品牌系统的"品牌群"概念,并指出这是一个认识品牌的全新角度,随后他在2000年提出了"品牌领导"的新管理模式,发展了"品牌关系谱系"和"品牌结构"等两个工具。随后,安格尼斯嘉·温克勒(Agnieszka Winkler,1999)在其著作《快速建立品牌:新经济时代的品牌策略》中提出并系统探讨了"品牌生态环境"的概念和管理问题,同时指出品牌生态环境是一个复杂、充满活力,并且不断变化的有机组织的论断。

(二)国内生态品牌研究综述

同样,国内学者也进行了一些开创性的研究。1995年,孙成章出版了其著作《企业生态学概论》,这是国内较早研究生态思想在经济管理中应用的著作。1996年,王子平等出版了其专著《企业生命论》,系统地提出了"企业生命"的内涵、组织等新思想。1997年,王玉在其博士论文的基础上修改出版了《企业进化的战略研究》,该书系统研究了企业的进化特性及其机制。

中国学者普遍认同品牌具有生命及生命周期的说法,并做了一定的补充:潘成云(1999)认为,品牌生命周期可分为品牌的市场生命周期和品牌的法定生命周期。陆娟(2002)认为品牌进入成熟期后并不意味着绝对的衰退,因此,她也不赞同品牌会严格遵循生命周期的过程。王兴元(1999,2000)提出了"名牌生态系统"的新理论和概念并就其若干问题,如名牌生态系统的竞争与合作、诊断与评价、演化过程及运行机制、结构及利益平衡等,进行了系统探讨,国内首次将生态学应用到营销领域(国家自然科学基金项目:79600013)。2001年,李朝霞基于经济系统是一个进化的复杂系统的新思路确立了以企业进化机制为研究的课题,并出版了著作《企业进化机制研究》。2002年,谢洪明等发表了论文《企业战略的抽象群及其演化引论》,尽管其视角较窄,但毕竟在国内首次明确提出了"战略生态"一词,并进行了初步分析。2002年,林健和李焕荣发表论文《基于核心能力的企业战略网络研究》,在国内首次系统提出了企业战略网络思想及其管理模式。为了适应共同进化和双向互动的时代背景的需要,张锐等(2002,2003)进一步提出了"品牌生态系统领导"的品牌管理前沿模式和全面架构"品牌生态学"的学科新主张,并认为从"品牌生态"的角度来看,品牌学科在研究方向上存在着4个根本性的转变,同时在品牌生态系统的经济结构、政治结构、泛目标生态规划以及品牌生态管理的原理等方面进行了重点探讨并发表了研究论文。

(三)国内建筑陶瓷品牌研究综述

国内对建筑陶瓷品牌的研究还处于初级的摸索阶段。汪光武(2007)对建陶企业的多品牌策略进行了分析,认为陶瓷企业的一品多牌策略有利于陶瓷企业充分利用经销商资源,但对企业的长期发展非常不利。晓理(2007)在《中国陶瓷产业品牌运作尚有缺失》一文中认为中国陶瓷多数在品牌运作上存在文化内涵、人性化、顾客满意度、个性特色等方面的缺失。韩永奇(2007)在《陶瓷品牌塑造的误区及其纠正要点》中指出我国的建筑卫生陶瓷品牌塑造中将商标当品牌,片面追求知名度等,传播方式单一。王贵国(2006)在《企业品牌管理常见的问题和误区》指出,对品牌特性的认识模糊,以及操作技术不到位,导致品牌构建过程中存在诸多失误,如不清楚品牌的相关条件、单纯追求知名度、将企业品牌与产品品牌混为一谈、传播手段单一、不能持续输出价值等。

整体上国内的建筑卫生陶瓷品牌建设及研究还处在较低水平,研究大多只是描述了现象,而深藏现象背后的本质规律却缺乏有力的论述。另外,在业界虽然已出现了一批知名的建筑陶瓷企业,但其离成功的品牌经营还有相当距离。

二、现代生态学理论群

1865年,雷特尔(Reiter)首先提出了"生态学"这个研究术语。海卡尔(E. Haeckel,1866,1889)给生态学下了定义。1971年,奥德姆(E.P.Odum)指出人类也是自然界的一部分,也是生态学的研究对象。其撰写的《生态学——科学与社会之间的桥梁》(1997)一书中进一步指出:起源于生物科学的生态学越来越成为一门研究生物、环境及人类社会相互关系的独立于生物学之外的基础科学和桥梁科学,一门研究个体与整体关系的科学。我国学者马世骏(1980)也提出:生态学是一门多学科的自然科学,研究生命系统与环境系统之间相互作用的规律及其机理。生态学分类为古典生态学、近代生态学和现代生态学。生态学具有自然和社会2个属性。其研究的核心问题是围绕如何协调人与自然的复杂关系,寻找全球持续发展途径。因此,现代生态学研究具有以下基本特征:具有以生态系统为中心,以时空耦合为主线,以人地关系为基础,以高效和谐为方向,以持续发展为对象,以生态工程为手段,以整体调控为目标的基础生态建设观。其理论研究的认识背景是自然-社会-经济复合生态系统,生态学的基本原则是经济持续发展战略与措施的理论基础,包括生态管理(eco-management)、生态规划(ecological planning)、生态建设(ecological construction)、生态技术(ecological technique)、生态工程(ecological engineering)等。

(一)系统生态学

系统生态学是一门强调系统研究方法论的生态学。其包括两大分支:理论生态学和模拟生态学。生态系统理论基础是指,在系统中的每一个组成要素,只要其状态发生了变化,它们一定可以通过"流"的相应改变(包括流的路径改变、流的方向改变、流的强度改变、流的速度改变等)去影响其组成要素最终将会波及整个生态系统;生态系统具有组织性、包容性、等级性的特点。理论基础有一般系统理论(general systems theory)、系统动力学理论(dynamic systemtheory)、自动化理论、控制论、信息论、集合论、图论、决策论、预测和模拟,突变论、混沌论、协同论、超循环论、分形论、同态论等;一般而言,生态系统内部刻画在本质上为"结构""关系",生态系统的外部刻画在本质上为"功能""效应";对生态系统特性的数学刻画,主要是对诸如整体性、稳定性、敏感性、多样性、增长、竞争、合作,以及系统优化、系统控制等的数学刻画。

(二)生态系统模型

生态模型分为概念模型(营养级、食物链关系等)、模拟模型(其可细分为微分方程、差分方程、生命历程曲线、质量衰减模式、马尔可夫链过程等)、优化模型、统计模型等。生态系统的建造必须体现出生态学的本质特征,这种本质的判明,依赖于五方面研究:"生态事实"的判定、"生态结构"的识别、"生态关系"的揭示、"生态过程"的模拟、"生态质量"的评价。生态系统分类的三种代表:乔莱(Chorley)分类(包括形态系统、级联系统、"过程-响应"系统、控制系统),威维尔(Weaver)分类(包括简单系统、无组织的复杂系统、有组织的复杂系统),比耳(Beer)分类(基于等级性以及"生态熵"分析等)。

(三)生态学的一些新兴基础理论

生态学的一些新兴基础理论包括:基于界面理论的边际效应与边际生态学理论;基于界面理论的生态环境脆弱带(ecotone)理论;生态系统稳定性理论;扩展的生态位理论;生态场理论与应用,即定量化研究生态元与生态元、生态元与生态因子的相互作用关系的理论;生态系统演替理论,它是最重要的对生态系统的整体认识的理论;岛理论(岛生物地理学理论);生态热力学理论(利用非线性非平衡热力学理论研究生态系统的物流能流问题而形成的理论);生态系统协同学的唯象理论;生态系统控制理论;进化协同理论;数学生态学理论;等等。生态学技术方法论包括:非线性生态系统分析;生态空间的研究方法;产量生态学的模型方法;生态系统的恢复与重建;生态规划方法;等等。

三、品牌运动的生态性原则

(一)互动性原则

生态学强调生态系统内各组成成分间的互动联系,其中任一成分的变动,都将引起其他成分的变动,自然生态系统是这样,品牌生态系统也是这样。品牌生态系统内各相关利益者团体之间都存在着内在的双向互动联系和重叠交叉现象(Tom Duncan,1998),这使品牌生态系统构成了一个极其复杂的整体。因此,研究品牌生态学系统时不应孤立地只研究顾客、员工、股东或竞争对手,在规划品牌生态系统时更不能只局限于某一利益相关者。

(二) 共同进化原则

人类学家格雷戈里·贝茨森(Gregory Bateson)指出,系统内(公司、团体和家庭)的行为都是共同进化的。按照贝茨森的观点,共同进化是一个比竞争或合作更为重要的概念,在商业界也是如此。世界上效率较高的公司(如英特尔、惠普、壳牌、沃尔玛特等),往往通过不断学习来引领经济共同体进化,并发展出新的商业优势。因此,不仅要对品牌生态系统的竞争与合作进行研究,而且应重点开展对品牌"共同体进化"机制、模式等的研究。

(三) 生态流原则

生命的各种表现和能量流动、物质循环、信息传递是分不开的,没有这些生态流就不可能有生命活动,也不可能有生态系统。品牌生态系统中,除了物流,还有各种重要的能量,能量流动(如资金流、所有权流、知识流)更为复杂,但基本原则是共同的。能量流动和物质循环都伴随着品牌信息传递,或者说是以品牌信息为引导的。

(四) 生态位原则

广义的生态位(ecological niche)是指种群在群落中与其他种群在时间和空间上的相对位置及其机能的关系。每种品牌及品牌群的生存都需要一定的生态空间和资源,为了获得这些资源和空间,都有扩张的倾向,扩大它们的市场生态分布范围。但资源和空间两者都是有限的,因此必然引起有同样需要的品牌及其群体间的竞争。由于竞争的影响,品牌当前占领的实际生态位(realized niche)总是小于它在没有竞争条件下可能达到的生态位,即基础生态位(fundamental niche)。资源和空间虽然是有限的,但消费者的需求、需要又是多种多样的,通过竞争和选择,品牌及其群体间产生生态位的隔离,使得生态位不重叠或少重叠,从而达到一定范围内的许多品牌的共存。用生态位、生态图(ecograph)代替市场占有率、市场份额图,可以帮助企业更有效地适应市场生态的变化,因为生态图不仅具备在传统市场分析中进行份额表达的功能,还可以对市场生态中的主要成员之间的生物链进行图示。

(五) 限制因子原则

这是生态学中的一条重要原则,是指生物的生存和繁殖取决于综合的环境条件状况,任何接近或者超过耐性范围两端的状况都可能成为限制因子(limiting factor)。它包括两种含义:生物的生长发育是受其需要的综合环境因子中那个数量最小的因子控制,这就是J.Liebig的最小因子定律;生物的生长发育同时也受其对环境因子的耐性限度(不足或过多)控制,即 V.E.Shelford 的耐性定律。在品牌生态系统发展过程中,某些因子也发挥着限制作用。在应用限制因子原则的同时,要树立因子补偿作用的概念,即因子的相互作用可以改变因子的利用率,从而在一定范围内发挥补偿作用。

(六) 生态演替原则

生态系统的发展或演替,是一切生态系统的共同特征,品牌生态系统也不例外。演替的含义如下:①演替是一个有序过程,它有规律地向一定方向发展,因而是可以预见的;②变化虽由外部因素引起,但演替受系统内部生命系统控制;③它以稳定的生态系统的发展为顶点。自然生态系统的演替表现为由一个群落到另一个群落的整个取代顺序,通常被称为演替系列,而过渡性群落则被称为演替阶段群落,最后稳定的对外部干扰具有最大保护力的群落被称为顶极群落。品牌生态系统是变动发展的,可以划分出若干阶段或发展期。初期形成的品牌生态系统在规模和结构上较为狭小和简单,一步步发展,直到其生产量与市场容量、品牌群落的市场环境资源相适应,使共同体主体变得稳定,并导致共同体内部争权夺利,最后是系统的自我更新或灭亡。

(七) 生态平衡原则

在一个相对稳定的生态系统中,系统的组成成分和比量相对稳定,能量、物质的输入和输出相对平衡,这样的生态系统具有抵抗胁迫保持平衡状态的倾向,生态学上称之为稳态机制。而当外力增强时,生态系统通过自动调节,可以在新的水平上实现新的平衡,这样就可能出现一系列"稳态台阶"。此时,虽然系统还能实现控制,但已不能回到原先的同一水平。在这种情况下,甚至轻微的变化就能产生深远的影响。生态系统的稳定机制是有限度的,超过这个极限,正反馈会不受控制,最终将导致系统的毁灭,品牌生态系统的正常运行也受这一原则的支配。

第二节 我国建筑陶瓷行业生态分析

一、建陶产品的消费特性及行业状况

(一) 建陶产品的消费特性

建筑陶瓷主要包括各种墙地砖、广场砖等用于各种建筑的内外表面,起装饰作用的陶瓷产品。建陶产品既不是日常消费品也不是耐用消费品,同时也不是

完全的工业产品。建陶产品的形式是非常工业化的,在其销售方式上,消费者市场和产业市场的销售额大概各占50%。建陶产品更多的是满足人们审美的需要,所以建陶产品也是一种带有情感色彩的工业产品。由于建陶产品属于一种高介入度、低感知度的产品,消费者的整个购买决策过程为先有行动,后有情感,最后才是认知。属于典型的失调归因型产品,建陶产品由于消费者能够感知的差异非常小,他们虽然渴望理性购买,但最终只能做出冲动型决策。

(二)中国建陶行业现状

经过三十多年的发展,我国建陶行业已占有全世界一半以上的产能,建陶企业遍布全国20多个省、市,具体情况如下。

(1)行业整体不景气:2022年,建筑陶瓷工业规模以上企业单位数1026家,较2021年,22家退出市场。规模以上建筑陶瓷工业主营业务收入比2021年同期降低4.1%,利润总额较上年同期下降22.69%。期末应收账款净额234.10亿元,比2021年同期增长8.91%,期末产成品库存367.37亿元,比2021年同期增长10.31%。规模收缩、利润减薄、账款积压、库存增长的情况在行业企业中普遍存在。

(2)企业规模正在集中:目前最大的建陶企业销售额已突破百亿,头部企业全国布局,跨区域经营;区域品牌利用区域地理优势负隅顽抗。2023年虽然不少陶瓷企业被淘汰,但真正退出的陶瓷工厂仅4家,许多工厂虽然因经营不善而停产、破产,但很快又会通过拍卖、并购、租赁的方式重新盘活,继续生产,行业总体产能规模仍维持在高位。

(3)各大陶瓷产区"政策的手"动作频频:2014年全国共有1452家建筑陶瓷工厂,2017年缩减至1366家,2020年缩减至1155家,2022年还剩下1026家……短短8年时间,净减少426家陶瓷厂,同时2015—2022年,全国共新建159家陶瓷厂,这也就意味着在过去8年间全国共淘汰585家陶瓷厂。主要原因如山东淄博、临沂的环保治理,广东、福建的"煤改气",四川夹江的"退城入园"……这些举措直接导致数百家产能落后、环保不达标的陶瓷厂被淘汰。

(4)整体实力依然较弱:技术创新能力、产品设计能力、管理水平、对国际分销网络的掌控能力、品牌的国际影响力等都存在明显不足,除少数企业如马可波罗到美国建厂外,大部分企业的国际化还是选东盟、非洲等相对欠发达地区,因此在国际市场上处于较弱地位。

(5)形成背景复杂:民营建陶企业成为行业的绝对主导者,其形成背景比较复杂,同时企业发展历史普遍较短,平均发展历史不超过十年。

总体而言,我国建陶行业目前正处于大浪淘沙的分化阶段。

(三) 建陶行业发展趋势

受房地产行业影响,瓷砖行业已经进入衰退期,瓷砖年产量已经由2016年巅峰时期的102.6亿平方米跌落至2023年的67.3亿平方米,跌幅34.4%。

2022年全国陶瓷砖名义产能120亿平方米,有效产能100亿平方米(2023年大量新建、技改线投产,许多陶企拉大单线产能,最新的有效产能或在2022年基础上有所增长)。即便以100亿平方米的有效产能为参照,2023年全国瓷砖产能过剩率也超过30%。

1. 将会有更多的自动化、智能化生产线改造和新建投产

2017年以来蒙娜丽莎、马可波罗、东鹏等一批自动化生产线的企业投入运营,为行业树立了鲜活标杆,大量使用机器人、减少生产环节的用工数量正成为企业新一轮产业转型升级的全新抓手,伴随着机器换人步伐的加快,今后会有越来越多高自动化的生产线涌现,单条生产线用工数量、单位员工生产总值都将创造新纪录。"过去我们依靠的是劳动力、环境与资源等红利发展,如今我们企业要找到新的方法,蹚出一条新的高质量发展路径。"广东东鹏控股股份有限公司董事长兼总裁何新明接受媒体采访时表示,企业要推动价值观培塑和机制体制建设,练好自身内功,注重效率提升;同时加快拥抱智能化、数字化。

2. 市场将会进一步两极分化,即强者更强,弱者出局

近年来,消费端对瓷砖产品的品牌意识越来越强。消费者在选购产品时更多考虑品牌影响力,而非单纯的价格因素。消费端的升级,导致市场品牌大战愈演愈烈,一段时间以来,各大品牌纷纷加大品牌建设与推广力度,央视、央广、高铁、今日头条等成为陶瓷企业品牌最青睐的传播平台,那些没有品牌影响力、产品同质化、单纯依靠低质低价抢占市场的企业将会进一步受到挤压,逐渐被市场边缘化。

3. 工艺创新趋势

陶瓷企业将推出更多利用模具凹凸面、干粒、湿法渗花、干法渗花、喷墨打印等多种工艺混合应用的产品,尤其是干法渗花和凹凸面模具的广泛应用,将使瓷砖表面表现出独一无二的纹理和质感,带给消费者不一样的体验。

4. 多元化发展

陶瓷行业的洗牌在上游陶机装备行业早已显现,并倒逼一批陶机企业跨行业转型,或者进行新的市场开拓,大力拓展海外市场。比如在陶瓷"蛋糕"持续收缩的背景下,做喷墨机的跨行业进入玻璃、广告、纺织、包装等行业;做智能化、自动化设备的跨入其他行业;做环保设备的,也向其他行业延伸;还有一批陶机装备企业,转向锂电等新能源行业,或者全力"出海",在海外市场抢占据一席之地。

二、我国建陶行业形势分析

经过二十多年的发展,我国建陶行业实现了从无到有、从小到大,但尚未实现从弱到强,在建陶行业的可持续发展方面依然任重道远。

(一) 中国建陶行业的发展历程

1. 行业孕育期(20世纪80年代中期至90年代中期)

1984年广东佛山利华厂引进了第一条以全自动液压压砖机、快速烧成辊道窑为代表的全自动墙地砖生产线。20世纪80年代末,广东佛陶集团利用天时地利人和,迅速扩大投资规模,促进了建陶市场的发育。

20世纪90年代初期,虽然球磨机、喷雾塔等原料设备开始国产化,但绝大部分设备仍依赖于进口,投资规模依然较大。这个时期国有企业,乡镇企业开始加入投资。行业中开始出现了许多真假合资企业。技术仍成为进入障碍,产品规格趋向大型化。

2. 行业成长期(20世纪90年代中后期至2010年)

20世纪90年代佛陶集团开始出现危机和萎缩,乡镇企业成为主角,私人投资开始进入。更多的产品差异,主要表现为:①产品的品种,抛光砖、仿古砖、水晶釉面砖等;②产品的规格,从300 mm、400—500 mm、600—800 mm、1000 mm等;③产品的成本不断降低。至20世纪90年代末期,私人企业迅速壮大,成为建陶市场的主导,市场经济的自由化程度大大提高。

21世纪初建陶市场进一步细分,产品价格持续走低,工程市场的竞争成为建陶企业能否做大的分水岭,建材超市发展迅猛、份额剧增,出口市场成为新的热点。产品同质化的现象严重,建陶企业之间技术与品质的差距在缩小,微晶类产品异军突起并成为高端抛光产品的主流之一,产品线进一步延伸,交叉竞争更加激烈。低成本、多品牌经营战略成为行业主流的市场竞争策略。

3. 成熟期(2010年至2020年)

建陶生产线数量在2014年经过规模化扩张达到3621条后,随后建陶行业进入存量竞争阶段,大量无竞争力、影响力、产品力的陶企被迫出局,至2020年,建陶生产线数量缩减到2760条,瓷砖年产能下滑到123.0亿平方米。建陶行业实际产量2016年达到峰值102.6亿平方米,此后行业产量、行业利润一路下滑。

4. 衰退期(2020年至今)

受房地产危机影响,2016年以来,瓷砖产量一直在下滑,2023年全国瓷砖总产量为67.3亿平方米,比2016年下降了34.4%。在"双碳"、"双限"政策下,多地建陶产区产能进行优化改革,生产线数量或将继续下滑。

(二)我国近40年建筑瓷砖产量

1986—2023年我国建筑瓷砖产量如表8-1所示。

表8-1 1986—2023年我国建筑瓷砖产量表　　　　单位:万平方米

年份	1986	1987	1988	1989	1990	1991	1992
产量	8000	9810	11684	12902	17920	22718	31146
年份	1993	1994	1995	1996	1997	1998	1999
产量	53283	95905	158398	135707	184185	159423	194612
年份	2000	2001	2002	2003	2004	2005	2006
产量	201850	181043	186853	238832	296251	350000	430000
年份	2007	2008	2009	2010	2011	2012	2013
产量	501000	576000	643000	758000	870000	899000	969000
年份	2014	2015	2016	2017	2018	2019	2020
产量	1028000	1018000	1026000	1015000	901000	822000	857000
年份	2021	2022	2023				
产量	817000	731000	673000				

用表8-1的数据绘趋势图如图8-1所示。

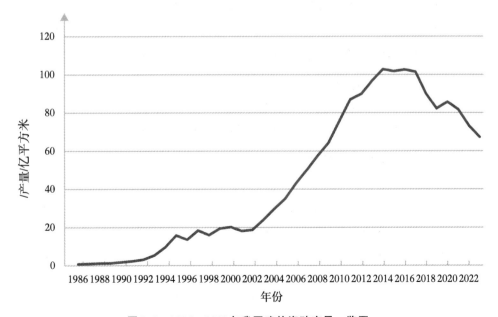

图8-1 1986—2023年我国建筑瓷砖产量一览图

三、我国建陶行业的SWOT分析

(一) 我国建陶行业的优势分析

(1) 我国既是世界建陶生产大国也是强国,在生产方面创造出独具特色的"中国制式"。

(2) 各大产区多元化发展,多个产业集群初具规模。

(3) 建陶产业链已基本形成,产业配套能力强。

(4) 产品工艺、机械装备已达世界领先水平。

(5) 国内市场依然是世界最大单一市场。

(二) 我国建陶行业的劣势分析

(1) 行业缺乏游戏规则,发展仍不成熟。

(2) 企业仍处在滚动发展的阶段,还未产生真正的领导企业及有威信的行业领袖。

(3) 国际化水平很低,在全球陶瓷产业链中居于末端位置。

(4) 市场竞争无序,与渠道畸形合作,行业盈利能力下降。

(5) 创新意识薄弱,创新能力较低,缺乏基础研究。

(6) 面临资源、能源与环保三大难题与产业政策的限制,严重制约着行业的可持续发展。

(三) 我国建陶行业的机遇分析

(1) 我国陶瓷业的国际化发展。

(2) "一带一路"市场机会。

(3) 国家强有力的政策支持给我国建陶企业的发展提供了良好的外部环境。

(四) 我国建陶行业面临的威胁分析

(1) 国际同行业之间的竞争日趋激烈。

(2) 能源短缺尤其是石油短缺导致的油价飙升,原材料价格上涨等一系列因素都导致了生产成本提高,给建陶行业的发展带来了巨大挑战。

(3) 产业结构调整。陶瓷产业是高能耗、高污染产业,在国家新的产业发展规划中属于限制性产业,陶瓷企业必须改变这种状况,降低能耗、减少污染。

(4) 反倾销威胁。我国瓷砖和其他陶瓷产品相继在印度、墨西哥、菲律宾和埃及等国受阻。我国陶瓷企业如何突破反倾销壁垒事关企业和产业发展前景。

(5)技术壁垒的限制。目前欧美的技术壁垒门槛不断提高,尤其是欧盟近年不断提高环保生态标准。

四、建筑陶瓷行业 logistic 模型分析

我国建陶行业经历了30年的一路高歌猛进,特别是2016年,由于国内中低端市场的拉动,市场一片繁荣,这个行业真的是万岁行业,真的容量无限吗?企业是有生命的,为了维持自身的存在,其需要获得人力、资金和各种物质资源的投入。这种情况和生物界生物为了生存而必须获得食物类似。因此,我们可以借用生物学的理论来分析产品的市场行为。

(一)logistic 模型的生态学描述

1. malthusian 模型(指数曲线)

生态学中描述种群增长的最简单方程是 malthusian 模型(见图8-2)。

由图8-2可知,这是没有考虑到资源限制情况下的增长模型,t 是时间,x 是种群的个体数量,r 是一个常数代表着生物的自然繁殖率。$X=x_0 e^{rt}$ 即生物个体数目呈指数增长。这种情况比较类似建筑陶瓷刚刚兴起的20世纪80年代至90年代初期,各种资源限制和市场限制一时还没有出现。这时企业只负责生产,几乎不用面对竞争。但正如自然界没有什么生物可以呈指数增长一

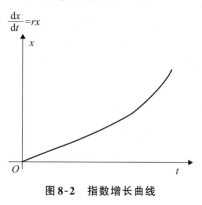

图 8-2 指数增长曲线

样,这种不受限制的成长只能在短时期内存在。2016年以后,陶瓷产业发展开始受环保政策影响,如山东淄博、临沂的环保治理,广东、福建的"煤改气",四川夹江的"退城入园"。当年环保成为限制陶瓷产业发展的最明显因子,此后受房地产危机影响,对建材需求减弱成为影响陶瓷产业发展的又一重要因子,致使我国建陶产量在2016年登顶后,一路下滑。

2. verhulst-pearl 模型(logistic 曲线)

任何种群的增长终究受限于资源,种群数量会达"饱和水平",其"饱和水平"由环境负担能力决定。这时用以描述种群增长的模型是 verhulst-pearl 模型(logistic 模型),如图8-3所示。

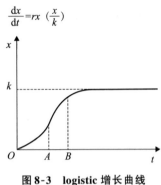

图 8-3　logistic 增长曲线

r 是内禀增长率（intrinsic rate of increase）；k 是容纳量（carrying capacity），指现有资源下所能负担的最大生物数。在分析企业竞争行为时，不妨认为 r 代表着企业内部的自发增长趋势，而 k 则代表着各种约束下企业扩张所能达到的边界。对 x 值与 k 值的分析，则构成了我们对建陶行业总体规模的分析。

环境承载能力是指给定当前的社会、政治和经济条件，特定"小生境"市场所能够支持的个体存活的最大数量。这意味着特定的资源环境中允许生存的个体组织在总数上存在极限，由图 8-3 可知：在 $O\text{-}A$ 阶段，种群增长率较低，种群规模较小，资源相对丰裕，种群间的竞争不激烈。个体组织密度（某一时点上给定环境中或资源条件下个体组织的数量）较低，因此环境承载能力的重要性尚不显著，但由于它是新生组织，主要面临的是被环境接纳的问题。在 $A\text{-}B$ 阶段，种群数量和环境中个体组织密度逐渐增加，于是相同类型的组织形式在特定种群中大量繁衍，这种组织形式相对于其他类型而言，其合法性有显著提高，因而具有这种组织形式的个体存活机会得到巩固，合法性提高导致该类组织的死亡率降低，直至达到环境承载能力极限。r 成为影响种群增长率的唯一因素。

在 B-阶段，种群数量达到甚至超过环境承载极限，因素 r 的重要性逐渐增加；而个体之间的竞争日益激烈，直接导致新进入者数量减少和市场退出率提高。

（二）logistic 曲线中我国建陶总产量分析

图 8-4 中曲线是图 8-1 中的简化 S 曲线。

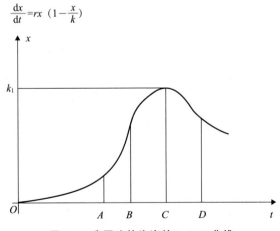

图 8-4　我国建筑陶瓷的 logistic 曲线

O-A 阶段(1986—2002 年),从 1984 年广东佛山利华厂引进第一条全自动液压压砖机、快速烧成辊道窑为代表的全自动墙地砖生产线为起点,由于产品投放市场取了突破性进展,市场需求迅速扩大,随后数家企业进入,企业利润十分可观,技术、资金、装备成为行业发展的重要制约;超额利润驱使下投资者大量加入,使建陶行业加速发展,供给和需求均逐步缓慢增长。建陶市场的供求平衡不断被建立,又不断被打破,市场的供求关系处于胶着状态。进入 20 世纪 90 年代中期后市场格局开始发生变化,由于国家宏观经济调控,导致内需不足,佛陶集团等国企开始收缩,国有企业逐步退出,直接导致新进入者数量减少和市场退出率提高,乡镇企业成为主导。

A-B 阶段(2002—2010 年)我国加入 WTO 后,城市化进程加快,国家大幅提高农民收入,农村及小城镇建设兴起,中低端市场需求被唤醒。我国建陶行业进入成长期,整个行业快速扩张,产业布局打破原有的"三山一海夹两江"的格局,走向全国。

B-D 阶段(2010—2020 年)行业的成熟期,经过成长期的高速增长,行业越过拐点,市场容量、环境等各种限制因子显现。根据西班牙和意大利成熟的建陶市场消费情况,高峰时期年人均消费量约 7 平方米,以此推算我国建陶的内需边界 k 在 90 亿平方米左右,另加出口 10 亿平方米,我国建陶总产量极值约 100 亿平方米。即当前各种约束下企业扩张所能达到的市场边界 k_1 出现在 C 点(2016 年)。

D- 阶段(2020 年至今)行业处于衰退阶段,市场处于平稳的饱和状态,各个企业的扩展边界接壤。企业要想获得生存乃至成长,必须抢夺别的企业的市场份额,各个厂家之间频繁发动价格战也就不足为奇了,此时行业的横向整合成为企业发展的主导。此时"杀敌一千,自损八百"的价格战非常盛行。面对激烈的竞争,企业有没有打破天花板的妙法? 我们可以从生态学的角度进行分析。

生态学上有一个著名的高斯定理即竞争性排除定理:两种具有相同要求的生物种不能在同一个生境中共存。生境,是指在生态系统和群落中,一个物种与其他物种相关联的特定时间位置、空间位置和功能地位。生境理论揭示:每个生物物种在长期的生存竞争中都拥有一个最适合自身生存的时空位置(即生境);在资源不足的情况下,一个生态位只能有一个物种,偶尔出现于同一生态位中的两种物种必定发生激烈的种间竞争,最终导致其中一个物种被逐出。

实际情况虽然并非市场中只会留下一个品类,但以相同的品类竞争相同的饱和市场势必会对企业造成极大的损害。在这种情况下,企业可以采取特化或泛化的策略以改变生境。泛化指那些耗费多数时间去觅食,花少量时间捕食的生物,往往食饵是多样的,即找到产品其他用途或多元化经营。特化指耗费较少时间觅食而花大量时间捕食的生物,食饵是单一的,即集中策略。

数学描述如下:

设 x 为"捕食者"种的密度;

R_i 为第 i 种资源的密度,假定恒定;

P_i 为当与资源 i 发生一次遭遇,进行一次"侵袭"的概率;

D_i 为"侵袭"资源 i 所花的时间,直到捕食者再次准备开始捕猎;

W_i 为从一次对资源 i 侵袭的期望获得;

n_i 为每单位时间每一捕食者对资源 i 的侵袭数;

设觅食时间与捕食时间之和为1,则一个捕食者耗费在搜索的时间是 $1-\sum n_i D_i$,

因此:

$$n_i = kR_i P_i (1 - \sum n_i D_i) \tag{1}$$

式(1)中:k 是一个常数,是与资源 i 有效的遭遇数量和该资源密度的比例数。
捕食者的增长率如下:

$$\frac{dx}{dt} = x(\sum n_i W_i - T) \tag{2}$$

式(2)中:T 是一个常数,是维持一个个体所要求的食物。由式(1)得:

$$\sum n_i D_i = \frac{k \sum p_i R_i D_i}{1 + \sum P_i R_i D_i} = \frac{a}{1+a} \tag{3}$$

将 $a = k\sum p_i R_i D_i$ 代入式(2),得出:

$$\frac{dx}{dt} = x\left(\frac{k\sum p_i R_i W_i}{1 + k\sum P_i R_i W_i} - T\right) \tag{4}$$

我们追求品类的成长就是使式(4)的值最大。现在考虑两种情况:

一是 $a \gg 1$,$\sum n_i D_i \approx 1$,这时捕食者耗费大部分时间捕食,少量时间觅食。求公式(4)的最大值,等同于求 $\frac{\sum p_i R_i W_i}{\sum p_i R_i D_i}$ 的最大值。

通过使 W_i/D_i 最大的资源的 $P_i = 1$,其他资源的 $P_i = 0$,公式(4)取得最大值,此时应采取特化策略。

二是 $a \ll 1$,$\sum n_i D_i \approx 0$,捕食者耗费大部分时间觅食,少部分时间捕食。求公式(4)的最大值,即求 $\sum p_i R_i W_i$ 最大值,即所有 W_i 为正的 $P_i = 1$,此时应采取泛化策略。

在觅食和捕食上花费时间多少,可视为觅食和捕食能力大小。所花时间越多,证明这项能力越差。针对企业竞争策略而言,如果企业具有较强的"觅食"能力,即具有及早发现潜在市场、快速渗透市场的能力,应采取泛化策略,即可以采用开发建陶产品的其他用途或多元化经营。而及早发现潜在市场要求企业具有良好的市场分析能力,快速渗透市场则要求一定的生产规模、流畅的营销渠道和一定的品牌认同度。由于高端市场的激烈竞争,上海斯米克集团正在逐步走上泛化的道路,将利用上市公司的品牌优势,进一步向机电及房地产方面延伸。2007年10月新明珠集团在江西高安投资12亿元。其中2亿元将建造一座四星级酒店;蒙娜丽莎在丰城8.8亿元投资陶瓷项目的同时,投资6000万元建设食品生产项目;新中源早在几年前就已经开始进入酒店行业,此后新中源走出广东,进行全国布局时,贯彻的是多元化战略,以陶瓷为主体积极拓展其他产业。说明建陶行业的主流企业,面对竞争已经开始泛化了。

而泛化的另一个方向是建陶产品板材化,开发新的陶瓷板材,全面替代木工板材,进入家具家装领域,此前的岩板家具是新的尝试,虽然岩板替代木工板材还有很长的路要走,但这毕竟是一个可以突破行业限制的关键点。

如果企业是针对某种市场"捕食"能力比较强,即在此专业领域具有显著的技术或品牌优势,则应采取特化战略,即专业化策略。此时如果采取泛化策略,风险极大。这是因为第一,企业"觅食"能力较差,未必找得到合适的切入点,缺乏渠道和品牌支持,进入市场慢;第二,"捕食"能力具有专用性,无法简单移植。鹰牌集团将鹰牌卫浴卖给了西班牙的乐家,打算采取特化策略,专门做瓷砖;行业黑马金意陶面对激烈竞争,销售额一直在5000万—6000万元徘徊,最后放弃了抛光砖、卫浴、瓷片,专做仿古砖,从而使企业获得成功;建筑陶瓷行业中另一个成功的特殊案例是恒力泰,它在竞争中逐步放弃了球磨机、窑炉及整线的生产,而专做有优势的压机,进行品牌集中。

五、生态演替与建陶品牌建设

走品牌发展之路,几乎是追求持续经营的每一个企业的梦想,品牌经营发展历程不过数十年,尚无定迹可循。如果把品牌作为一个生命体,从生态学中寻求借鉴,按照生态上的生态演替规则,建陶品牌也会按照先锋物种向顶级物种演替。

生态演替指的是在一个自然群落中,物种的组成连续地、单方向地、有顺序地变化。演替这一术语最早是被用来描述北美东部废弃田地的植物转变。田地废弃之后,可以出现一个从禾草和杂草向灌木如山楂和漆树,最后向枫树、栎树、樱桃树或松树的可预测序列的发展,如图8-5所示。

> 一年生杂草→多年生杂草→灌木→早期演替树木→晚期演替树木

图8-5　废弃田地的生物演替

废弃田地里最早长的禾草称为先锋物种,先锋物种以低生物量和低营养水平为特征。此群落的净生产力大于呼吸作用,因此生物量会随时间而增加。先锋物种的移植很快,在较强的竞争力的物种入侵前充分利用空间。先锋物种营养物增减和腐殖质积累为新物种移植做好了准备。

演替的成熟阶段是以高生物量、高水平的有机营养和总生产与呼吸作用相等为特征,食物链复杂,而且竞争水平高级。伴随着这些变化,增加了物种多样性。当快达到顶级群落和群落被最具竞争力的物种控制的时候,物种多样性会下降。在极端形式下,一个地理区域只有一个最终群落,而且所有的演替都将趋向于这个单顶极发展。

我国建陶业从无到有,在不断发展的30多年中,同样也遵循着演替规则。由国有企业到乡镇企业再到民营企业的演替。从20世纪80年代的产品供不应求,到90年代的生产暂时过剩,再到2000年以后的一次次洗牌,市场销售模式也在随竞争而改变。从代理制市场零售、到专卖店直销、再到仓储式销售、超市销售、家装渠道、设计师终端等,市场营销格局每一次变化,都会使一批企业迅速崛起,也会让一批企业被淘汰。我国建陶市场历经发育期、成长期、成熟期之后,已进入衰退期。"达到顶级群落和群落被最具竞争力的物种控制的时期"即将到来,当前我国建陶市场中由于竞争复杂,致使经营环境不断恶化,当前的主流企业被迫不断进行调整,强者俞强,非主流企业的发展空间受限。

根据演替规律,先锋物种必然被顶级物种替代,何种建陶品牌能成为最后的顶级群落?这取决该品牌的DNA。十年前3000多个建陶品牌,如今已倒下2/3,未来的建陶品牌必然由部分顶级群落主导,同时存在部分个性化品牌。如何进行品牌建设将决定建陶企业生与死。

第三节　建陶品牌生态系统

从生态的观点来看,品牌及其周边环境所组成的品牌生态系统是一种复杂的系统。品牌生态系统具有一般生态系统最基本的特征,即品牌与外部环境的相互作用。传统品牌管理理论对于品牌的研究忽略了品牌的生命性本质,或者说,将品牌独立于环境的影响之外。实际上,品牌这个具备适应性的主体,无时无刻不在与环境发生着物质、能量与信息的交流,品牌与品牌之间、品牌与环境之间因为适应性产生了复杂性,对于其复杂性的研究也就必须要回到品牌的原始本质——生命性与适应性。那么,什么是品牌生态系统?品牌生态系统有哪些组成元素?从生态系统角度思考,建陶品牌建设存在哪些不足?这些问题都需要思考。

一、品牌生态系统的概念及构成

(一)品牌生态系统的概念

在一定区域内,和生物一样,没有一个品牌或单个组织能够长期单独生存。品牌直接或间接地依靠别的品牌或组织而存在,并形成一种有规律的组合——经济共同体。其中,对于每一个品牌个体来说,生活在其周围的其他品牌个体或组织连同社会经济环境,组成了其生存的外部环境,品牌个体与其外部环境通过物质、能量和信息的交换,组成一个相互作用、相互依赖、共同发展的整体。这个品牌与其生态环境形成的相互作用、相互影响的系统,即品牌生态系统。

具体来说,品牌生态系统是指由品牌及其赖以生存发展的相关环境复合而成的商业生态系统,是一个由品牌与品牌产品、品牌拥有者、企业股东、供应商、最终顾客、中间商、竞争者、金融机构、大众传媒、政府、社会公众、相关企业,以及品牌生态环境(包括社会、经济、文化、自然环境等)所组成的人工生态系统,见图8-6。

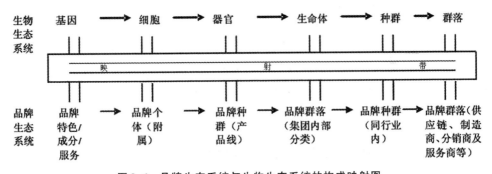

图8-6　品牌生态系统与生物生态系统的构成映射图

品牌组织在生态系统中要保持竞争与协同的统一。一方面,品牌组织在竞争中得到进步,寻找生存空间;另一方面,品牌组织之间、品牌组织与环境之间存在相互依赖的关系。品牌组织面临的一个重要问题就是处理好协同竞争的关系,注重品牌之间的协调、合作关系,与环境协同进化。

（二）品牌生态系统的利益层次

当前很多建陶企业眼中看到的品牌,只是印在产品包装上的名称和商标,忽略了以下真相,即真正的品牌其实是存在于利益相关者的内心和想法中,换言之,即使公司拥有品牌名称和商标的所有权,品牌的真正拥有者却是利益相关者。汤姆·邓肯(Tom Duncan,1998)把这些利益相关者分为四类：

(1) 主要社会利益相关者：包括员工和管理人员,投资者,客户,供应者和业务伙伴,当地社区。

(2) 次要社会利益相关者：包括竞争对手,贸易团体,媒体和评论家,压力集团和工会,政府和文明社会。

(3) 主要非社会利益相关者：包括自然环境,非人类物种,人类后代。

(4) 次要非社会利益相关者：包括环境压力集团,动物利益压力集团。

品牌利益相关者的区分有助于我们认清品牌培育的目标所在。品牌的培育与发展不仅关系到企业的生存,消费者的选择,还关系到其他利益相关者的未来愿景。如果忽略了这些愿景,品牌发展必然受阻。

（三）品牌信息的系统传播

传统品牌管理理论的一个重要问题就是,在品牌建设中过分关注品牌的消费者驱动因素,忽视广大利益相关者的重要性和多变性,其结果必然造成营销目标和营销传播目标相互冲突。实际上,品牌信息传播对象不仅是消费者,还应包括内部员工、投资者、供应商、最终顾客、中间商、同行业者、金融机构、大众媒体、政府组织、社会公众、社区,以及品牌生态环境(包括社会、经济、文化、自然环境等),等等。品牌信息的传递应该是立体网络式,而非线性关系。如果从系统角度去考虑,品牌建设中只有照顾到最广大利益相关者的诉求,才能达到协调发展。任何仅强调单一要素或单一子系统的发展,而忽略其他要素、其他子系统的发展的举措都将导致品牌系统失序。

二、建陶品牌建设与建陶业的可持续发展

可持续发展是指既满足现代人的需求又不损害后代人满足需要的能力,就是指经济、社会、资源和环境保护协调发展,近二十年来,我国建陶行业的高速发展创造了巨大的社会效益,同时建陶行业的无序发展也给社会带来了一定的负面影响,例如资源与能源每年以惊人的速度消耗,许多产区的生态环境受到严重污染,产品的附加值过低。在可持续发展方面,我国建陶目前存在的主要问题包括：

环保问题,能源与资源的合理利用问题以及产业政策的规范问题。针对这些问题,我国建陶行业实现可持续发展需要坚持科学的发展观,积极发展循环经济,在品牌建设方面应该做到以下几点。

(一)品牌建设以绿色技术为依托

以保护环境为目标的管理创新和技术创新统称为绿色技术创新。从绿色技术的特点看,是指能减少环境污染、节能降耗的技术、工艺的总称。绿色生产技术创新主要包括绿色产品设计、绿色材料、绿色工艺、绿色设备、绿色回收处理、绿色包装等技术的创新;绿色生产管理创新包括绿色企业管理机制、绿色成本管理创新、采用先进生产方式、建立角色营销机制、建立绿色网络化供应链、建立环境评价与管理系统。

(二)品牌建设需规范竞争行为

由于行业缺乏规则的约束,我国建陶行业目前市场竞争总体而言仍是混乱无序的,新产品的模仿、新工艺的剽窃、品种同质化、营销方式雷同、人才战中的挖墙脚、广告战中的自吹自擂、新闻战中的恶意诽谤以及偷工减料、以次充好、假冒伪劣时有发生。品牌建设作为对品牌的长期投资,需自觉规范自身的竞争行为、抵制不正之风,立足于品牌的长期经营。

(三)品牌建设立足系统共赢

品牌是消费者利益、职工利益、企业利益、社会利益的共同体,损害其中任何一方利益便不能成就一个完整的品牌。品牌个体与其外部环境通过物质、能量和信息的交换,构成一个相互作用、相互依赖、共同发展的整体,在品牌生态系统中,由于品牌与环境之间相互依赖,当建陶品牌不能与其所处的环境实现共赢时,环境必然会对该品牌的成长起负面作用。

三、建陶品牌建设与生态学相悖的问题

生态学是研究生命体与其环境相互作用的科学,主要探讨个体对环境的反应,单个物种的群落对环境的反应,群落的组成结构,生态系统内各种过程。概括起来主要是研究物种与物种之间,物种与相互作用的环境之间的关系。下面将从生态学角度分析建陶品牌建设中的一些不足。

(一)品牌个体与个体之间的问题

一个物种能够长期存在,必须有其独特性,拥有独立的生态位,从长期来看,

没有两个同样的物种能够共存。

1. 品牌缺少个性

（1）生搬洋名词。随着唯美陶瓷工业公司"马可波罗"品牌的成功推广，一系列冠以洋名的新品牌出现，而且相当一部分都是西方艺术大师及其作品的名称，有些则取一些中国人看不懂，外国人也看不明白的假模假样的带有洋味的名称，这种盲目模仿套用"洋名"，指望给品牌注入一点洋味，实则根本无法赋予品牌任何内涵。

（2）核心价值模糊。国内，数以千计的陶瓷品牌，真正在消费者心目中形成了明晰印象的屈指可数。很多品牌定位皆向着高档、西化进军，这样的定位，既不涵盖产品的功能特色，又不触及消费者对产品或服务消费的心理需求，如安全、满足等，结果是投入了大量的品牌传播费用，最终却"浪得虚名"，品牌核心价值模糊。为什么用"索尼"就觉得质量放心，用"海尔"就觉得服务可靠，而开"劳斯莱斯"才是真正的尊荣呢？因为其品牌核心价值明晰。陶瓷是大额耐用消费品，但它又不像物质匮乏时期的"家庭四大件"一般属于显性奢侈消费品，高度同质化之后的陶瓷产品，能够让消费者具有品牌忠诚度的就只有独特而明晰的品牌内在价值，无论是产品的功能差异，又或是技术、成本和价格等竞争优势，都只是支撑品牌核心价值的物质基础而已。

2. 企业自身品牌重复

对于某些建陶集团，旗下有几个或几十个品牌，品牌群的组合效应弥散，无法形成合力，如何让这些品牌在共用集团资源的情况下协同发展，发挥整体效应是当前迫切需要解决的问题。

我国本土的一些建陶企业初期因为自身的实力有限、资金缺乏，通过"抓中间"把生产线建起来，把产品品牌等概念造出来，然后"借两头"，即通过在一定时间内占有制造业上下游（原材料供应商和经销商）的资源，迅速地使企业运转起来。当产品出来之后又通过与下游产业链的各个环节最大限度地分享利润的办法，以达到迅速占领市场的目的。为了短时间内达到规模化，尽可能多地占用经销商资源，实施"多品牌战略"是一个很好的选择，有的企业最多同时经营10多个品牌，但10多个品牌之间没有什么差别。企业经营10多个品牌的目的只是希望拥有10多个销售网络，增加销售业绩。事实证明，这一战略在早期确实取得了很好的效果。尽管从理论上讲这根本就不是真正在做"品牌经营"，因为很多企业在品牌的运作中，除了品牌的概念及产品包装，往往什么都没有做。

但随着市场的日益成熟及品牌的不断成长，企业必然要投入更多的资源来维护品牌发展，由于企业资源有限，很难保证众多品牌都有充足的资源投入，这样就很容易被竞争对手各个击破。如同在地下水位浅的时候,随便刨个坑都能有水喝;当地下水位持续下降时,挖很多口浅井,都不如挖一口深井更能保障有水可吃。

3. 同行业之间品牌建设的协同性差

行业内的不同品牌、产业上游品牌与下游品牌的协同发展决定着产业链的协调程度,一个协同的产业链应该能够促使品牌集群化发展,这牵涉到如何塑造和维护品牌生态环境,使品牌物种健康成长并繁荣昌盛。

(1) 行业畸形发展。主流品牌主导不了市场。所有建陶主流品牌的总销售额大概只占国内总市场份额的15%,只重视大品牌,忽略了小品牌在区域品牌生态系统中的作用,对中低端市场的忽视已将华东等部分建陶品牌带入歧途。当前"控制产能、优化结构、提高行业集中度"这一代表高端主流品牌的言论,在主流品牌构成的行业聚会中经常被提到,产能的控制和结构的优化都只能依靠系统的自组织来完成,当前高喊控制产能出发点,本质是对中低端市场需求的漠视,会使相当一部分企业丧失市场机会。当前主流企业留出的市场机会巨大,有可能使今天的补缺者成为明天的主导者!

(2) 恶意抄袭影响总体进步。由于主流企业垄断不了市场,也垄断不了技术,缺乏独创设计、仿冒成风已经成为阻碍我国由陶瓷大国迈向陶瓷强国的最大绊脚石,一些企业在销售终端找样品,然后回去依样画瓢,并美其名曰"开发新产品",有些企业不愿承担研发的投入及新产品投入市场的风险,只看重短期利益,直接抄袭市场上畅销的产品,这样仿造成本低。有的企业甚至到了"以模仿为荣,以抄袭为乐"的地步,致使那些致力于自主创新的企业不但没有收获创新带来的益处,反而还要承受创新成本之累。这严重影响了企业创新的积极性,非常不利于行业的持续健康发展。

(二) 品牌个体与环境之间存在的问题

品牌存在于一定的环境之中,是各方利益的关联体。品牌本身也是一个复杂的系统,在品牌建设中必须充分考虑品牌个体与环境的联系。

1. 建陶品牌建设忽视广大利益相关者的利益

(1) 忽视了职工利益。很多建陶厂工作环境和生活环境都很恶劣,工作环境中灰尘满天、废水四流,工作劳动强度大。有的陶瓷企业多年都没给职工加过工资,许多陶瓷企业的员工加班加点,得不到应有的劳动报酬。这个行业中人才流失现象非常严重,因为没法分享企业成长的成果,很多品牌的高层管理者离职后自办企业。每年的佛山招聘会都给人留下了难忘的记忆,一线操作工的严重短缺成为很多企业的心头之痛。甚至许多陶企门口都长期贴着"招工启事",但还是招收不到足够的工人。

(2) 忽视了环保责任。建陶行业最大问题是在生产过程中对周边环境造成污染。很多陶瓷企业在建厂初期只顾眼前利益而忽视环境保护,如在福建晋江的磁灶产区一带,大大小小的窑炉多达数百条,到处烟囱林立,经常是空气污浊,粉尘飞扬;又如四川夹江,粉尘污染已成为当地环境的一大公害;广东佛山窑炉多达1000多条,每天排放的二氧化碳高达几百吨。陶瓷企业在为社会经济繁荣发展作出不可磨灭的贡献的同时,也为牺牲环境付出相当大的代价。由于环境压力,佛山市2006年作出决定,市区的所有建陶业生产企业全部外迁。

(3) 忽视了社会责任。佛山2006年的建筑陶瓷工业产值超过了500亿元,但当年的税收却不到5亿元。这一消耗了佛山大量水、电能源,给大气及城市环境造成巨大压力的建陶业对佛山市的财政贡献几乎可以忽略不计。难怪佛山市政府要赶走污染,让建陶生产企业外迁,还佛山以蓝天碧水。

(4) 对供应商资源的侵占。我国建陶企业在快速扩张过程中,资金一直较为缺乏,占有制造业上游(原材料供应商和设备供应商)的资源,成为流动资金的重要解决办法。原材供应在陶瓷行业压款3个月以上是非常普遍的现象,拖欠货款现象严重,存在大量三角债,社会风险非常大,常有企业主恶意拖欠大量货款而卷款逃跑,行业中的这种不良风气对行业的快速发展非常不利。

2. 企业品牌建设缺乏系统性

(1) 品牌建设仅是营销部门的责任。许多公司把品牌管理作为企业营销工作的一部分,仅是营销部门的事情,对品牌管理重视不够。实际上,品牌与营销的关系是既独立又联系的,独立是因为品牌的外延远大于营销,品牌塑造除了营销(价格、广告、宣传、促销、售后服务),还涉及物流(产品配送)、生产质量、产品包装、产品工艺设计、研发质量、企业形象塑造等多部门的工作;而联系是因为品牌塑造与营销密切相关,营销是品牌塑造的重要手段之一。显然,创造、维护及发展有利品牌关系的责任,不应该只归属于企业的某一个特定部门,因为它并不是一项职能。但许多公司却由于把品牌管理作为一项职能交由营销部门来管理,使得公司内部欠缺沟通和团体交流,以致无法促进跨职能企划的进行,难以培育真正品牌。

(2) 只注重表面的传播。当前建陶品牌塑造的途径主要有三种:大的户外广告牌、大展厅、设计师峰会。很少企业能够有效整合多种传播手段。企业这样做的目的是为将短期收益最大化,而不重视长期品牌形象,现在的一些企业只重视立竿见影的销售策略,将终端的广告及展示作为迅速催生品牌的主要手段,甚至品牌的概念也只是促销的手段。至于品牌的核心价值是什么,很多企业自己都没搞明白,认为品牌就是名牌,名牌就是知名度,而忽略了品牌自身建设。以佛山市为例,整个城市的广告牌都是陶瓷企业的,互相比着谁的位置好、谁的招牌大、谁的广告词更吸引人。至于这些广告是给谁看的,却说法不一,有的说是做给来自全国各地的分销商看的;有的说是做给竞争对手看的;也有的说是别人都做广告,自己不做就显得没有实力;只有少部分说是做给消费者看的。品牌的塑造缺乏整体感、层次感和人性化。从实践的角度来说,现有的品牌管理理论与方法很难促进建陶业的进一步发展,建陶企业迫切需要重新认识品牌的内涵,建立新的品牌理念。

(3) 错把品牌知名度当作品牌核心价值。许多建陶企业希望消费者能钟情于自己的品牌,认为只要品牌有知名度即是拥有了品牌核心价值,能使消费者对品牌产生忠诚度,这是对品牌核心价值理解上的一个误区。品牌的知名度是指品牌在消费者心目中的认识度与突出性,它更多是一个定性的指标,其评估涉及品牌认知、用户提及率、品牌独占性、熟悉性等方面,也是品牌的重要资产之一。但品牌知名度不同于品牌核心价值,品牌核心价值是一个内涵性概念,具有很大的包容性,其核心是品质和服务,是融入消费者心中不可磨灭的印象。拥有品牌核心价值,就是为品牌树立一道难以跨越的门槛,它能阻挡竞争对手刻意模仿、破坏性的削价,也是一个品牌所追求的最终目标。品牌知名度推广为品牌核心价值,需要超越产品本身的范畴,提供更多的附加值,使消费者对品牌产生好感和丰富联想,从而产生购买驱动力。品牌核心价值的确立是品牌建设中核心的部分,而品牌具有知名度只是品牌建设中的起始阶段,二者既有关联又有区别。依靠鼓吹而塑造的品牌,其生命周期往往短得惊人,如某些品牌销售额冲上5亿元或10亿元之后,市场很快萎靡,这让品牌管理者产生了疑问:品牌培育到底和哪些因素息息相关?除了在广告上砸钱,是否还有其他更为重要的因素需要关注?

(4) 将品牌建设工作过多推给了中间商。目前的建陶行业,除华东的台资企业外,大部分均采用间接渠道。采用经销制,市场操作和传播推广等动作多数通过经销商来完成,因此,建陶品牌要想提升销量和市场份额,将核心经销商的主推作为关键因素。厂家营销工作的焦点就是争夺优质的经销商资源。建陶企业用于品牌展示的豪华展厅、体验馆,产区的大广告牌,专业媒体的广告主要目的都是建立经销商对品牌的信心,从而争取经销商资源。至于品牌的市场相关维护都依靠中间商。

早期的建陶产品的市场普及率比较低,竞争也不激烈,购买力主要集中在一、二级城市,而且利润率也比较高,因此,总代理制的缺点并没有给建陶企业带来大的麻烦。虽然当前成功的建陶企业,得益于经销商的也不少,但成也萧何,败也萧何,品牌一旦羽翼稍丰,良莠不齐的经销商素质又让企业感到苦恼,经销商素质成为企业迈上台阶的瓶颈。

3. 建陶供应链协同不足

建陶企业24小时连续生产的特性决定了其必须具备完善的配套能力,虽然我国建陶业配套产业经过多年的发展已形成门类齐全、服务完善的配套系统,但陶机配备水平还不如意大利,色釉料研发还赶不上西班牙,配套产业的不足影响着我国建陶业在全球的竞争实力。

(1) 原料市场混乱。我国建陶产业发展具有大规模、高速度、多产区的特点,在各大产区由于原材料的储量不同、品位不同,且多是中小型民营企业和乡镇个体户从事天然材料开采与运输,因此很难有一个统一的品质监控标准与评价体系;而色釉料更是泥沙俱下,良莠难辨。原材料的非标准化,导致建陶企业只能根据各自的生产实际情况和不同产品品种经常调整和更换配方,以适应生产需求。

(2) 工业水平不高。一些关键设备,如大吨位压机、辊筒印花机等大部分还依赖进口,在液压、电气、自动化控制等领域,我国与西方发达国家还存在一定的差距。

(3) 设计力量匮乏。我国建陶企业无论是装备设计,还是网板设计、产品与应用开发设计,都普遍存在着人员不足、水平低下、理念落后的状况;在设计人才的教育与培养方面,还缺乏成熟、完善的培养机制,远不能满足市场的需要。

(4) 基础研发落后。由于诸多配套产业是建陶生产过程中逐渐衍生与发展起来的,专业的研发机构和高等院校对这类专业化、小型化的配套产业并没有引起足够的重视,进而在基础研发与应用方面相对落后。

此外,现代物流、专业展会、国际网络、协会组织、自主创新等相关产业与世界一流水平相比,均存在一定的差距。

四、以系统协同进化促进建陶品牌建设

(一) 品牌生态系统的协同进化的概念

系统协同进化是指一个系统中某一个或几个组成部分的属性为了适应系统其他部分属性的变化而进化,同时系统其他部分也因为回应这种变化而得到进化,最终引导系统向更高级、更有序的状态发展的现象。品牌生态系统的协同进化亦同理。

在品牌生态系统中,存在着因子补偿效应,它是指品牌物种间通过相互调节来共同适应环境的变化,其机制是通过品牌间功能的互补和替代作用,以恢复或

提高环境的整体水平。也就是说,品牌生态系统的进化是品牌种群的协同进化。一个品牌物种的进化可能会改变作用于其他品牌的选择压力,从而引起其他品牌的适应性变化,而这种变化将会引起相关品牌物种的进一步变化。所以,两个或多个物种的自身进化常常是相互影响的,这样就形成了一个互相作用的协同进化系统。建陶品牌生态系统的协同进化是指系统中品牌物种间的相互影响和相互作用关系,即某一建陶品牌通过自身进化来影响其他建陶品牌的进化,但同时其他建陶品牌的进化又改变着该品牌自身的进化路径,最终导致整个建陶行业成为一个互相作用的升级整体。品牌物种之间的竞争或合作关系,实质上是一种协同进化模式,这种协同进化可以使系统更加稳定和协调。

(二)价值链上成员之间协同发展

意大利的产业生态链具有如下特点:①色釉料与装备企业是行业原始创新的主体;②专业设计公司贯穿整个生态链;色釉料公司与设备公司的原始创新通常偏重技术层面,而设计公司的原始创新则主要是设计层面的配套开发;③色釉料与装备企业提供完善的配套设计服务;④展览会成为分销商订货的重要窗口。意大利建陶企业拥有数量众多的全球分销网络,而这些分销与销公司的合作,大都选择展览会这一途径;⑤专业销售公司为中小陶瓷企业服务。一些小型的建陶生产企业则只需要负责生产,把产品的市场推广活动交给专业的销售公司完成;⑥行业协会引导企业健康发展。在意大利行业协会具有完善的职能,在整合行业资源、制定产业政策、加强行业管理、引导行业发展方面发挥着重要的作用。

意大利建陶业之所以领先全球,凭的不仅仅是其设计的新颖、制作的精良、行销全球的建陶产品,更是其完整的产业链和强大的配套系统。

(三)主导品牌、大品牌、名牌与一般品牌协同发展

有序的生态系统是有层次的,和谐发展的建陶行业应该有竞争也有互补,从而共同促进整个建陶系统的升级。建陶领导品牌、大品牌是飞在高空的鹰,引领着整个行业的发展,有他自身的生态位和其自身的生存、发展空间。次品牌、区域品牌有自己的不同生态系位和生存空间。按照当前全国建陶市场1000亿元的市容量计算,高端市场约占5%,也就是约50亿元的市场份额,中端和低端各35%和60%,也就是中端市场约350亿元的市场份额,低端市场约600亿元市场份额。低端市场分布在广大的乡村,对高端市场产生不了任何冲击,高、中、低端市场协调发展,主导品牌、大品牌、名牌与一般品牌之间互相促进,共同推动行业前行,促进整个建陶系统的升级。

(四)企业自身品牌协同

1. 建陶企业建设多品牌的成因

在一个新生的自然群落中,在先锋物种向成熟物种演替的过程中,物种数量增加是一种自然现象,先锋物种(早期品牌)的繁殖很快,在较强竞争力的物种入侵前充分利用空间。当前我国建陶行业品牌数量众多,同样源于在建陶这一新兴领域,进入门槛不高,横向扩张较容易,企业的多品牌经营同样非常适合企业的早期扩张。具体来看,建陶企业热衷于多品牌不外乎有以下几个原因。

(1)市场的需求。作为消费者而言,他们需要更多的选择机会,品牌自然越多越好。此外,建材产品具有高介入度、低感知度、购买周期长、一次性购买金额大的特性,消费者对品牌的认知十分有限,忠诚度也很低;同时建材产品属于半工业品,工程消费占50%左右的份额,工程客户对品牌的要求不高,这无疑给新品牌提供了肥沃的"生存土壤"。

(2)企业成长的需要。解决产能扩张的后遗症。近几年部分建陶企业为追求规模效益,产能急剧增大,为解决产能扩张后产品的销售问题,企业自然就想到"筑新路"的办法,多建几条"销售通路"来分流产品,以减轻产能与库存压力。一些企业扩张的欲望十分强烈。在缺乏寡头的建筑陶瓷行业,总市场容量约1000亿元,而号称中国最大的企业销售额却不足30亿元,市场占有率仅3%。如此小的市场占有率,难免让人产生无限的遐想。要做大,有两条路。一条路是纵深发展。在高度同质化的建材行业,难度较大,效果不佳。于是一些企业知难而返,宁愿再觅新路。另一条路就是平行发展,多品牌经营。以同一或类似的模式,复制一个或数个品牌,寻找新的经销商,开辟崭新的销售通路。对拥有一定品牌号召力的企业来说,多品牌经营要容易得多。

(3)坚信"1+1>1"的结果。1+1即使不等于2,也会大于1。两个品牌销量总比一个品牌的销量大,这是很多企业推多品牌的理论假设。该理论还有一个基本的前提,销量就是收益。即新增加品牌对企业不需要增加更多的投入。此时一个新的品牌只意味着多一款包装和多一个经销商。

(4)经销商推动。在建材行业,好品牌与好经销商都是"稀缺资源"。当一个企业某个品牌取得成功后一些有实力的经销商就会找上门来,可能出现一个地区数个经销商争夺代理权的现象。一些没有取得代理权的经销商可能会怂恿厂家推新品牌,厂家出于充分占领"优质经销商"的考虑,可能会顺水推舟多推出一个品牌。

2. 建陶企业多品牌的操作模式

(1) 并驾齐驱型：这些企业一般采用平行发展的方式，在一个品牌取得成功后，迅速克隆多个品牌入市，以抢占稀缺的渠道资源。多个品牌之间定位几乎没有差异，产品、价格、目标顾客也相差不大。这种模式的典型代表如新中源、新明珠集团等。新中源企业有新中源、新南悦、新粤、圣德保、圣保路、新里万、裕景、朗高、派拉索、紫砂、陶仙坊等品牌；新明珠集团有冠珠、萨米特、格莱斯、惠万家、金朝阳等品牌。

(2) 一主几次型：这些企业以一个主品牌带动次品牌，主品牌与次品牌之间定位稍有差异。这些企业十分不愿看到主品牌受损，在发展次品牌动作上也十分谨慎。典型企业有东鹏陶瓷、唯美陶瓷等。东鹏企业以东鹏陶瓷为主，汇德邦为辅；唯美以马可波罗为主，唯美、L&D为辅。

3. 建陶企业多品牌的风险

企业施行多品牌往往面临一些风险：①厂家资源分散，顾此失彼，经销商信心下滑。②经销商冲突增多，厂家不得不花大部分的精力去协调、安抚经销商。③内耗严重。其他行业外资企业多品牌运作的背后是数十年管理经验的累积，而一些弱小企业匆忙上马多个品牌，管理将不堪重负。④"多米诺骨牌效应"隐患。一个品牌出现危机，往往会加速祸及其他品牌，"多米诺骨牌效应"随时可能爆发。

应该说，一些盲目追求品牌数量与销售规模的企业已尝到苦头，部分多品牌企业在度过"增长蜜月期"后呈直线下滑的趋势。下面用模型来对这种竞争情况进行分析。

假定市场中有甲、乙两个无差异的品牌，这两个品牌可以是同一家企业生产的，也可以是不同企业生产的，因而存在着市场上的竞争（由这一假设得出的结论很容易推广到多家生产同类产品的情形）。同时假定区域空间的各种要素禀赋是一定的，故存在着市场容量的上限。由于市场规模有限，当甲品牌竞争力强于乙品牌时，甲品牌将挤掉乙品牌而取胜；反之，乙品牌将取胜。如甲乙双方都不可能完全挤掉对方，则竞争结果将达到某种平衡状态。

甲、乙两企业的 logistic 方程分别为：

$$\frac{dy_1}{dt} = r_1 y_1 (1 - \frac{y_1}{k_1}) \qquad (5)$$

$$\frac{dy_2}{dt} = r_2 y_2 (1 - \frac{y_2}{k_2}) \qquad (6)$$

式(5)、式(6)中：y_1、y_2 分别为甲、乙两品牌的产出水平；r_1、r_2 分别为甲、乙两品牌理想环境下的最大增长率；k_1、k_2 分别表示甲、乙两品牌由环境所决定的最大产出水平。两品牌的竞争程度可用竞争系数表示。设乙品牌对甲品牌的竞争系数为 $\alpha = y_1/y_2$,α 表示将品牌乙的产出折算为品牌甲的产出的比率,它显示了在有限的环境下,品牌乙的产出对品牌甲所产生的效应。同样,设甲品牌对乙品牌的竞争系数为 $\beta = y_2/y_1$,β 表示将企业甲的产出折算为企业乙的产出的比率,它显示了在有限的环境下,企业甲的产出对企业乙所产生的效应。由此,可得出甲品牌的竞争方程:

$$dy_1/dt = r_1 y_1 (k_1 - y_1 - \alpha y_2)/K_1 \tag{7}$$

乙品牌的竞争方程:

$$dy_2/dt = r_2 y_2 (k_2 - y_2 - \beta y_1)/K_2 \tag{8}$$

显然,甲、乙品牌竞争达到平衡状态时的方程,即集群环境可容纳的甲品牌和乙品牌的规模相同,或者说甲、乙两企业在生产要素、市场需求方面是完全同质时,上述情况变为

当 $\beta > 1, \alpha < 1$ 时,甲胜乙败;

当 $\alpha > 1, \beta < 1$ 时,乙胜甲败;

当 $\alpha < 1, \beta < 1$ 时,稳定平衡(甲、乙共存),见图8-7、图8-8。

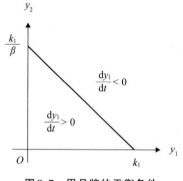

图 8-7　甲品牌的平衡条件

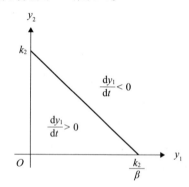

图 8-8　乙品牌的平衡条件

根据 α、β 的定义,很明显 $\alpha = 1/\beta$,所以 α、β 不可能同时小于 1。因此,当 $K_1 = K_2$ 时,第三种情况即稳定平衡不可能出现,即甲品牌不是吃掉乙品牌,就是被乙品牌吃掉。因此,得出了竞争模型的结论:企业内或企业间各品牌是竞争关系的前提下,系统达到平衡的条件是各品牌必须保持一定的差异性,不能完全同质。

4. 企业自身品牌协同

面对激烈竞争的市场,企业根据自身的条件可以采取特化也可以采取泛化的策略,所需资源前文已经述及。企业在采取泛化策略时,须注意不同品牌之间的协同,如有差异的主品牌与副品牌相互配合策略;全国品牌与区域品牌相互搭配,

保持品牌的层次性与差异性。

（五）厂商一体化,变"推"为"拉"

建陶企业实力较弱时,在渠道方面往往采取经销制,总经销制最适合刚刚进入市场、没有渠道基础的厂家,好处是渠道范围广,可以迅速把产品推向市场,但缺点也非常明显:从厂家到最后的消费者,至少要经过三个层级,层层都要沉淀利润,造成渠道成本高;销售终端主要局限在一级城市和二级城市;经销商多是国有企业出身,主要利用已有的销售渠道,有"坐商"习气,渠道开拓能力差。这些因素共同导致厂家对市场的控制力相对较弱。

初期生产企业由于实力和精力的原因,将市场活动甩给中间商,企业总体采取"推"的策略,市场要靠中间商推动,当市场逐步成熟,已接近市场边界时,品牌之间的竞争表现为相互的侵占,依靠分散的经销商再也无法扩大市场时,企业必须对终端发力,加大对品牌建设的投入,用品牌的"拉"力来撬动市场。为保证品牌形象的统一、稳定,企业必须加强对渠道的控制,淡化中间商的作用,加快厂商一体的进程,使企业在整体市场活动中保持主动。

后　　记

"所有人类的体系可以向大自然学习,从中找出规律与答案。"这是世界著名仿生学家珍妮·本尤斯1997年在《生物模拟:大自然激发的创新》一书中首次提出的论点。"为了生存而竞争是自然界的主导原则。也许我们更应该建议大多数的企业家去向生物学家而不是向经济学家请教。"这是世界管理大师阿诺尔特·魏斯曼2001年在《战略管理:成功五要素》中给出的忠告。人类自有意识,一直致力于发现世界的规律,对于现代商业社会营销理论体系的建立和完善也是如此。现代营销学之父菲利浦·科特勒建立的现代营销理论有一百年历史;第二次世界大战后,总结成体系的战争理论可追溯到人类战争的起源,约有七千年历史;而生物竞争发展的规律已有2亿年历史,并且在未来依然适用。

我国陶瓷行业经历了从无到有、从小到大的发展过程,目前已占据全球产能的半壁河山。尽管如此,该行业仍属于一个新兴行业,在品牌建设实践中还存在很多问题。如何按照其生命的自然规律,引导其健康成长,有着强烈的现实意义。

从我国目前陶瓷产业集群发展的现状来看,许多陶瓷企业在集群发展的过程中常常偏离了生态的自然规律。人类所有违背自然规律的活动,终将受到自然规律的惩罚。为避免我国由陶瓷大国向陶瓷强国迈进的过程中走弯路,系统分析我国陶瓷产业集群的生命轨迹和发展规律,以及研究并借鉴意大利和佛山等地陶瓷产业集群转型升级经验,对我国陶瓷产业的可持续发展有着十分重要的理论与实践意义。

参 考 文 献

[1] 徐华.生态学视角下我国建筑陶瓷行业发展趋势研究[J].江苏陶瓷,2008(10).

[2] 徐华.生态学视角下斯米克陶瓷的品牌延伸分析[J].商场现代化,2008(6).

[3] 张新芝,徐华,陈斐,等.基于生态学视角的多品牌战略竞争模型与协同发展研究[J].商业时代,2012(11).

[4] 许水平,张新芝,徐华.利用产业转移趋势加快江西建筑陶瓷产业的优化与升级[J].价格月刊,2009(12).

[5] 王缉慈.超越集群:关于中国产业集聚问题的看法[J].上海城市规划,2011(1).

[6] 于尔东,刘志峰.产业集群衰退的内涵、特征与形成研究[J].经济研究导刊,2011(3).

[7] 宋涛,宁小亮,李伶,等.国内外先进陶瓷发展现状及趋势[J].山东陶瓷,2016(3).

[8] 贾昊.佛山市政府加快推进产业转型升级研究[D].桂林:广西师范大学,2017.

[9] 叶敏坚.佛山陶瓷产业集群可持续发展研究[D].武汉:华中科技大学,2006.

[10] 张敏.佛山市陶瓷产业竞争力提升的政策与对策研究[D].长春:吉林大学,2007.

[11] 李海东.基于产业集群的区域品牌形成与建设机制研究[D].景德镇:景德镇陶瓷学院,2008.

[12] 沈青.区域产业集群发展与实施品牌战略的协同演进思考[J].科技管理研究,2007(4).

[13] 陈环.建筑陶瓷干法制粉工艺取得实质性突破[J].广东建材,2014(9).

[14] 康永,李蓉梅.陶瓷行业未来发展方位变革及发展趋势[J].陶瓷,2018(5).

[15] 潘娟.将精神血脉镌刻进紫陶工艺品[J].小康,2021(9).

[16] 赵峥.建筑陶瓷行业的智能制造之路[J].中国建材报,2017(12).

[17] 宁德军.技术创新与产业群升级[D].苏州:苏州大学,2006.

[18] 任晓蓉.中学地理案例教学影响因素及实践研究[D].南京:南京师范大学,2011.

[19] 周维.湘潭市产业布局优化与提升研究[D].湖南:湖南师范大学,2012.

[20] 王其和,夏晶,王婉娟.产业集群生命周期与政府行为关系研究[J].当代经济,2010(20).

[21] 冉庆国.我国欠发达地区产业集群发展研究[D].哈尔滨:东北林业大学,2007.